MAKE NO SMALL PLANS

人生を変える新しいチャンスの見つけ方

エリオット・ビズノー Elliott Bisnow
ブレット・リーヴ Brett Leve
ジェフ・ローゼンタール Jeff Rosenthal
ジェレミー・シュワルツ Jeremy Schwartz　大田黒奉之［訳］

MAKE NO SMALL PLANS メイク・ノー スモール・プランズ

東洋経済新報社

MAKE NO SMALL PLANS

by Elliott Bisnow, Brett Leve, Jeff Rosenthal, and Jeremy Schwartz

This translation published by arrangement with Currency,
an imprint of Random House,
a division of Penguin Random House LLC
through Japan UNI Agency, Inc., Tokyo

この本をサミットのコミュニティのすべての人に捧げたい
僕たちに気づきを与え、信じ、信頼してくれた人たちに世界は1人の人間によって一変することはない。
世界を変えるのは、同じ理想とビジョンを見出した人たちによって築かれたネットワークだ。世界を変えて明るい未来を創造しようと考える人たちにとって、この本は大きなヒントとなるだろう。

——マーガレット・ウィートリー

MAKE NO SMALL PLANS

メイク ノー スモール プランズ

人生を変える新しいチャンスの見つけ方

もくじ

主な登場人物

[サミットの共同創業者]

エリオット・ビズノー　父親の不動産ニュースレターの広告枠を販売していたが、サミットを立ち上げる

ブレット・リーヴ　元不動産会社勤務。父親のガソリンスタンドを手伝っていた

ジェフ・ローゼンタール　元名門サッカークラブのゴールキーパー、下院議事運営委員会スタッフ、メイシーズのバイヤー

ジェレミー・シュワルツ　元ロックバンドメンバー

ライアン・ベゲルマン　元未公開株式投資会社勤務

[サミット・コミュニティの人々] ※登場順

ブレイク・マイコスキー　トムスシューズ（TOMS）創業者

リッキー・ヴァン・ヴィーン、ジョシュ・アブラムソン　Vimeoとカレッジユーモアの創業者

ジョエル・ホランド　ビデオブロックス創業者

ベン・レラー　スリリスト創業者

ティム・フェリス　『「週4時間」だけ働く。』を2007年に出版

スコット・ハリソン　慈善団体のチャリティー・ウォーターを設立

トニー・シェイ　ザッポス創業者

ヨシ・サーガント　2008年の大統領選挙におけるバラク・オバマ陣営のポスターを担当

アダム・ローリー、エリック・ライアン　メソッド・クリーニング・プロダクツ創業者

エリザベス・ゴア　国連財団と提携する世界的団体の代表

ミケル・ヴェスターガード・フランゼン　マラリア予防の蚊よけネットと水のろ過装置を考案

イーサン・ゾーン　リアリティ・ショーの『サバイバー：アフリカ』の勝者

ビル・クリントン　第42代アメリカ合衆国大統領

マイケル・チェイスン　ブラックボードCEO

アン・ベネマン　ユニセフの事務局長

マイケル・ヘブ　変わった場所とテーマの夕食会を提案

ニール・ブルーメンソール、デヴィッド・ギルボア　ワービー・パーカー創業者

ショーン・スティーブンソン　骨形成不全症のモチベーショナル・スピーカー

リチャード・ブランソン　ヴァージン・グループ創業者

ベス・コムストック　ゼネラル・エレクトリック（GE）の元シニア・バイス・プレジデント

グレッグ・マウロ　ハイテクのスタートアップを立ち上げ、教育関係の会社に投資

マティアス・デ・テザノス　Hotels.com創業者

[サミットのメンバー]

ナタリー・スピルガー　スタンフォード大学工学部卒業の元プロサッカー選手

ミハイ・モウゾー　元マイアミのイタリアンレストラン勤務のシェフ

【本書に出てくる主な地名】

ビッグ・スカイ
エデン、パウダーマウンテン※
アスペン※
ニューヨーク※
ポートランド
モンタナ州
オレゴン州
ニューハンプシャー州
マサチューセッツ州
ソルトレークシティー
ボストン
パークシティ※
ユタ州
コロラド州
ワシントンDC※
スコーバレー※
カリフォルニア州
マリブ
ロサンゼルス
ボカラトン
フロリダ州
サンディエゴ
マイアミ サウス・ビーチ※、
スター・アイランド
バハマ
メキシコ
拠点を置いたことのある都市
※ イベントを開催した都市
カンクン、
プラヤ・デル・カルメン※
ニカラグア
サン・フアン・デル・スル

はじめに

誰もがこう言われてきた。

「でかいアイディアなんて実現できっこないだろ」と。

自分のビジョンを伝え、それがどれほど画期的なのかを説明するために、「ばかげてるのは承知だけど、こう思うんだ……」なんて言おうものなら、瞬時に遮られてしまう。

せっかくの純粋な夢が、現実を突きつけられて萎えてしまうんだ。

「うまく行きっこないよ」と周りが言う。「今は時期じゃない」とか「金がないだろ」とか「もっとうまくできるやつがほかにいるよ」とか。

そうやって気持ちをくじいてくるのは他人だけじゃない。アイディアを口にする前に、自分で自分のアイディアを却下してしまうことだって多い。

でも、偉大なビジネス、偉大な製品、偉大な理想とされるものの大半は、最初はまったくばかげていて、実現不可能だと見なされていたんだ。

この本で伝えたいのは、ばかげたアイディアを実現するのに時期尚早ってことなんてないということだ。そして、ビジネスを始めるのに絶好の時期というのもない。もちろん僕たちのビジネスも、とても絶好とは言えない時期にスタートした。

ばかげた夢を追って

サミット・シリーズは、そもそも若くて野心的な考えを持つ人たちが集まって会議を行うコミュニティだった。参加者は、世界金融危機の余波の中で仕事を始め、不安定さを増した新しい世界に足を絡め取られながらも、その中で新しいものを生み出す機会に恵まれた人たちだ。

その後10年かけて、サミット・シリーズはさまざまな要素を持ったフェスへと発展し、国際的なリーダーや、新たな道を切り開く起業家、クリエイティブな著名人を魅了している。

そんな僕たちも、最初は「そんな大きな夢なんてばかげている」とみんなから言われていたんだ。

20代初めの頃、僕たちはフロリダのシニアタウン（高齢者居住地区）にある、仲間の祖母の家で暮らし、二段ベッドやソファーで寝る毎日だった。ある年の暮れ、ホワイトハウスが起業家を支援しようとする政策を打ち出してイベントを開催した際に、僕たちは起業家たちとオバマ政権とを初めてつないだ。

20代半ばになる頃には、僕たちは14階建てのオーシャン・ライナー（遠洋定期客船）を（後にわかったことだけど、史上最年少で）チャーターして、海に浮かぶ独自の街を週末に作り上げた。

30代を迎える前には、北米最大のスキーリゾートであるパウダーマウンテンを購入した。ユタ州の1万エーカー（約40平方キロメートル）もの荒野にそびえるこの山に、コミュニティにとっての〝家〟を築こうとしたんだ。

若さと夢はあってもコネも経験もなくて、4人のうち2人しか大学を卒業していないのに、僕たち4人はどうやってリチャード・ブランソンやクインシー・ジョーンズらの著名人をもてなせるようになったんだと思う？

コミュニティこそ力

僕たちは億万長者じゃない。特許も持ってない。天才でも著名人でもない。エリオット、ジェフ、ブレット、ジェレミーというただの友人4人の集まりだ。

発明家や投資家、会社経営者になるべくしてなる人がいる。僕たちは、そんな影響力の強い人たちを集めて、起業家、クリエーター、モノ作りの人たちのコミュニティを築きたいと日頃から強く願ってきた。彼らに刺激を与えたい、成功を手助けしたいという思いがあった。

時計の針を巻き戻して、あなたが第一次大戦後の若きライターや編集者だったら、パリのリッツホテルに行けばアーネスト・ヘミングウェイ、F・スコット・フィッツジェラルド、ジェイムズ・ジョイス、ガートルード・スタインを発掘できただろう。

もしあなたが60年代に若きミュージシャンだったら、ダイアナ・ロス、スティーヴィー・ワンダー、マーヴィン・ゲイらが、デトロイトのウェスト・グランド・ブールヴァードにあるモータウンのオフィスから世界を熱狂させるのを目の当たりにしただろう。

そして、近年最悪の不況とそのガレキの中から生まれた革新。もしあなたが若き起業家としてその当事者だったら、10年に及ぶ革新の担い手たちがサミット・シリーズにいたと知るだろう。

僕たちのチーム力の源は、僕たち4人の創業者ではなく、すばらしいコミュニティだ。そのコミュニティの誰もが、最高の自分を生み出し、それをほかの人と分かち合い、培っていこうという飽くなき欲求で結びついている。サミット・シリーズは、そういうみんなが集まって、互いにコラボし、考え方やアイディアや友情を広げていく場を提供しているだけなんだ。

何年も活動しているうちに、アマゾンのジェフ・ベゾス、10億ドル規模の企業価値があるオネスト・カンパニーの創業者で俳優のジェシカ・アルバを含め、さまざまな人がサミットのクリエーターに加わった。数百人ものソートリーダー（自分の哲学や考えを表明し、それをもとにビジネスを先導していく人）も知恵を授けてくれた。マーク・キューバンやレイ・ダリオらビジネス界の巨人、CNN創業者のテッド・ターナーをはじめとするメディア界の異端児、ラム・ダスやエックハルト・トールらマインドフルネスの師たちもいる。

僕たちが招いたゲストといえば、元大統領のビル・クリントン、ピューリッツァー賞を受賞したラッパーのケンドリック・ラマー、教授で著作もあるブレネー・ブラウン、全米農業労働組合の共同創業者ドロレス・ウエルタなど多岐にわたる。

オーガニック・フードのチャンピオンであるアリス・ウォータースは、北米のプロバスケットボールリーグ、NBAの伝説だった故コービー・ブライアント、グーグルの元CEO（最高経営責任者）のエリック・シュミットとともに、演壇に立って挨拶してくれた。未来学者のレイ・カーツワイルはコミュニティに知見をシェアしてくれたし、科学者のクレイグ・ベンターもそうだ。

こういう名前を紹介したのは、有名人の名前をひけらかすためじゃない。みんなが体現する共通のテーマを浮き彫りにするためだ。それはビジョンと推進力、社会を良くしたいという強い願い、そして、ほかの人とその思いを共有したいという熱意。それを実行するための場こそが、サミット・シリーズだ。

後に続く人たちへ

ページをめくった先には、僕たちのこれまでの物語があり、哲学がある。挫折や困難にもめげず、コミュニティと会社を築き上げることができたのは、その哲学をじっくり深めてきたからだ。

もちろん、ひどい経験もした。恥ずかしい経験もこの後のページで語っていく。僕たちは**これまでの自分**に正直でいたいし、今手にしているあらゆる知恵を得るうえで学ばざるをえなかった苦い教訓も伝えようと思う。あなたが僕たちの失敗と同じところでつまずかない方法を紹介して、すばらしいものを築く手助けがしたい。あなたが迷走しているときでも、いや、そういうときこそ、何かを生み出せるように後押ししたい。

この本の中のアイディアには誰にとっても大きな価値があるけれど、僕たち独自のものだと言うつもりはない。僕たち自身がすごいのではなくて、頭が切れるすごい人たちをまとめただけなんだ。

僕たちは、逆境にめげずにこのコミュニティを作り上げたいきさつを語るためにこの本を書いた。さらに大事な目的は、みんながもっと大きく考えて、もっと多くのことを成し遂げられるように後押しすることだと考えている。

現状を変えようと考えるのは、なにもアーティストや起業家だけの責務ではない。学校の先生、看護師、機械工、お父さん、お母さん、そして今自分のいる場所で輝きたいと考える誰にとっても必要なんだ。

この先で語るのは、大きな夢を持とうと決めた４人の若者の話にとどまらない。後に続く人たちの未来をより良くしようと集まった、今最も注目を集める2万人の物語だ。

彼らは誰もが知っているような成功ビジネスを作り上げる方法を僕たちに教えてくれただけでなく、心の奥に秘めた人生哲学や夢や不安について語ってくれた。

これまで10年にわたって、僕たちはこうしたリーダーたちの知恵を吸収してきた。今度はそれを次世代のリーダーに伝えたい。

僕たちのすることすべてについて、揺るぎない信念が根底にある。それは、この世界ではもっと大きな考え方が求められているということだ。しかも待ったなしで。努力する人、夢を持った人、リスクをいとわない人、行動できる人が、もっと必要なんだ。

「ここぞ」と飛び立つ瞬間を待ち望んでいてはダメだ。そんなものは待っていたところで来やしないし、世界にはそれを待てるほどの余裕はない。

ばかげたアイディアを夢見て、それを温めたままにせずに突き進む人こそが求められている。この地球を守り、飛躍的な成果をもたらすために、今ほど斬新なクリエーターが待ち望まれている時代はない。

世界は大きすぎて、ちまちました計画じゃどうにもならない。でかい計画を立てよう。

1

人生の交わり

2007年当時に会社を立ち上げようと思っていた人からすれば、僕たちは1位指名で採用したい人材じゃなかったと言っていいだろう。

エリオット・ビズノーは人づきあいが下手な22歳の若者で、子どもの頃と同じ寝室で過ごし、大学を中退して父親が運営するネットのニュースレターで広告枠を売る仕事を手伝っていた。

ブレット・リーヴはちょうど住宅バブルが崩壊した頃に不動産会社に勤め、歩合制で働いていた。

ジェフ・ローゼンタールは百貨店チェーンのメイシーズの社員であることに不満を抱き、マンハッタンのハイウェイの進入路の下にある狭いアパートで会社を立ち上げようとしていた。

そしてジェレミー・シュワルツはSF小説から名前をつけたパンクロック・バンドでプレーし、全米を回りながら1日8ドルで暮らしていた。

僕たちはビートルズとは似ても似つかなかった。でも、僕たちが好きなバンドの多くが思いがけない出会いを積み重ねてスタートしたのと同じで、僕たちの物語も一夜で始まったわけじゃない。

すべてはエリオットから始まった。

静かな図書館で

エリオットはウィスコンシン大学を中退したばかりだった。応募した7つの大学の中で、唯一彼を受け入れてくれた大学だったのに、やめてしまった。学力面で問題があったわけじゃない。彼の中で優先順位があったからだ。

大学2年の期末試験が近づいたある日、エリオットはガールフレンドと一緒に勉強会に行った。彼女が勉強に打ち込んでいるというのに、彼は授業に出ることよりもビジネスを立ち上げることで頭がいっぱい。ともあれ期末試験が迫っているから、詰め込み勉強会には参加することにした。

2人が静かなヘレン・C・ホワイト図書館に入ると、勉強会の参加者がリュックサックから大量の本を取り出して、硬い木のテーブルに音を立てないようにそっと置いているところだった。

ところがエリオットが取り出したのは『ウォール・ストリート・ジャーナル』紙。ほかの参加者は冗談だろうと彼に目をやったが、エリオットは真剣に読み始めた。1面を読み終えてページをめくると、静寂を破るカサカサという音が館内に響いた。誰もがテーブルから顔を上げて振り返った。

「何をしてるの」とガールフレンドがささやいた。

「世の中を勉強してるんだ」

「試験勉強をするときでしょ」

「でもビジネスが知りたいんだ。『ウォール・ストリート・ジャーナル』を毎日読めば、ビジネスの仕組みが学べるって聞いたから」

彼女は目を閉じて、ゆっくりと首を横に振った。2人の関係は続かなかったが、世の中の仕組みを知りたいというエリオットの欲求は続いた。大学のみんなは前の年、さらにその前の年の学生が解いたのと同じ問題に取り組んでいるみたいだ。でもエリオットは教授が作った問題なんて解きたくなかった。自分だけの問題を解決したい。

大学1、2年のときにエリオットはTシャツのビジネスを始めたものの、1枚も売れなかった。それからマーケティング・コンサルティング会社を立ち上げたが、1人の顧客も付かなかった。大学2年が終わると、彼はワシントンDCの実家に帰り、父が運営するネットの不動産ニュースレターで広告枠を売って、歩合制で働いていた。

これまで最初からうまくいったためしはない。だからといって、簡単にあきらめないのは昔からだ。

たとえば、エリオットは12歳でテニスを始めた。ほかの子どもたちに何年も遅れてのスタートだった。始めるのが遅すぎたから、最初の４年間は負けてばかり。でもうまくなろうと決意すると、毎日５時間練習して徐々に力をつけ、最後は同年齢の国内選手権で上位35位に入るまでに上達した。大学にもテニスの奨学金で進学した。

そして今、セールスマンになるためには、同じくらい忍耐が必要だった。何度かのステーキハウスでのランチ会食を経て、運よく何件かの契約に成功した。それを皮切りに、新たに売り込みをかける３００社を割り出し、連絡先をスプレッドシートに打ち込んだ。大学３年になるとリストを持ち帰り、寮から電話をかけまくった。

実際始めてみると、８５０マイル（約１３７０キロメートル）も離れた相手に地元の不動産広告の枠を売り込むのはかなり大変で、面と向き合うことの大切さを初めて思い知った。見込み客への売り込み電話で扉を開くことはできても、その扉をくぐり抜け、相手と握手を交わし、互いをよく知ってからじゃないと契約にはこぎつけられない。

大学の授業をしり目に、エリオットはどうにかいくつかの契約を獲得し、初めて小切手を郵送で受け取った。小切手を手にしたエリオットは、自分には**仕事がある**と実感するのだった。一方で彼の目には、ほかの人は就職のために大学に通っているように映った。

冬休みに帰省すると、エリオットは自分の実力を試そうと、半年休学して父親とフルタイムで働くことに決めた。ワシントンDC周辺で開かれた交流会には毎回出席して、新規の客を得ようと懸命にセールストークした。そんな中、自分と同じ20代で、生まれつき誰とでも仲良くできる才能を持った人物と出会う。ブレット・リーヴだ。

今でも言える宣伝文句

ブレットはボストン郊外で育った。彼の父親はガソリンスタンドを持っていて、つねにATMの残金を空にして事業に充ててしまうタイプの自営業者だった。ブレットは子どもの頃、小遣い稼ぎにガソリンを給油しサンドイッチを作っていたが、ハイスクール卒業後の夏にやった仕事で、仕事観が変わった。

きっかけは、カツコ社のナイフを家族や友人に販売しませんかという広告を受け取ったこと。このとき覚えた宣伝文句は今でも言える。「アメリカ製、持ち手は樹脂製、医療にも使われるA5ランクのステンレス。永久保証の品質で、後世に残しておける逸品です。電話1本いただければ、あなたの末の代までいつでも磨いて差し上げます」

ブレットはひと夏で5万ドル相当のナイフを売り、18歳にして、全米8000人の販売員の中で52位になった。その数カ月で彼が学んだ教訓は、何年か後に僕たちの会社を救ってくれることになる。

その頃ブレットは、自分が稼いだ金は旅の手段、つまり自分が育ってきたガソリンスタンドというレールの外に出る手段に充てようと考えていた。

彼はワシントンDCのジョージ・ワシントン大学に入学して、地元のクラブで大学のパーティーを開くようになる。卒業後は不動産仲介会社で、歩合制の仕事に就いた。

普通なら、それは土地開発の基本を学ぶ一番の手段なのだけど、時期が悪かった。世界的な金融危機の高まりで、住宅市場の勢いが止まってしまう。まったく契約が取れなくなったブレットは、ジョージ・ワシントン大学のキャンパスの周辺で大学のパーティーを催して生計を立てるしかなかった。

偶然にも、それがジェフ・ローゼンタールとの出会いにつながった。

夢が止まった経験

ジェフはテキサス州ダラスで育ち、ワシントンDCに移ってサッカーの奨学金を受け、アメリカン大学で国際ビジネスを専攻した。

ジェフの子ども時代は、「大家族は人生で一番の宝」という祖父の信条の影響を大いに受けている。祖母のジョイは身長わずか150センチの女家長で、ほぼ毎週末、いとこ、叔父、叔母ら70人を一堂に集めて夕食をふるまった。

ジェフはまた、人との違いを学びながら成長した。ADHD（注意欠如・多動症）だったので、幼い頃から学校を転々とし、どこにも居場所がないと感じていた。

成長したジェフは名門サッカークラブのゴールキーパーになり、国内選手権を目指すチームで鍛えられ、フロリダ州のIMGアカデミーに入学が認められた。全米代表チームの選手やさまざまな分野のプロスポーツ選手を何百人も輩出している名門校だ。

ところが、体の成長が止まるとともに、ジェフの夢も文字通り止まった。彼より体が大きくて優秀な選手が、彼よりもゴールを数多く食い止めたんだ。

さほど出番がなくなってしまったから、大学2年のときにチームをやめた。人生で初めてたっぷりと自由な時間が手に入った。スポーツ以外での友人も増えた。多くは世界中から勉強のためにワシントンDCにやってきた連中で、ジェフの世界観や性格や関心事に深い影響を与えることになった。

手にした自由時間を使ってジェフは連邦議会でインターンとして働くようになり、そこからフルタイムでアメリカ下院の議事運営委員会のスタッフを務め、議員をサポートした。

ジェフの中で起業家としての資質が芽を出したのもその頃だ。ネットで立ち上げたビンテージの服飾会社は、まずまずの成功を収めた。そして、アメリカン大学のクラスメートのためにパーティーを開くようになり、その場でブレットと出会う。

何年もの間、選手権チームというカルチャーの中の競争環境に身を置いていたおかげで、選手は刃のように互いを磨き合うものだとジェフは学んでいた。チームというものは仲間意識と野心を共有しつつも、抜きんでた存在になるために、メンバー同士が絶えず切磋琢磨して成長し続ける。

ところが、チームを離れるとこれができなくなった。周りに仲間がいなくなってしまって、ジェフはやる気を失った。

彼は大学のベンチャーで稼いだわずかな金で、ほぼ1年間かけて世界中を回った。その後ニューヨークに移り、小さなアパートを借りて何件かの小さな起業案件に手を貸し、メイシーズの新人ジュニア・バイヤーとなった。ちょうど経済が停滞してあらゆる小売業が翻弄されていた頃だ。

ジェフ本人は自覚していなかったけれど、僕たちがプレーヤーを必要とするチームであるのと同様に、彼はチームを必要とするプレーヤーだった。

熱狂を知るバンドマン

僕たちの4人目のメンバー、ジェレミー・シュワルツはブレット・リーヴとハイスクール時代から親友だった。ほかの3人みたいな根っからのセールスマンではないけれど、彼がチームにもたらした独自のスキルは僕たちにとって欠かせないものとなる。

彼のバンドはアイス・ナイン・キルズという。このバンド名は、カート・ヴォネガットの小説『猫のゆりかご』に出てくる物質の名前に由来する。

バンドは全米でチケットを売りさばき、マイスペースなどのSNSをゲリラ的に駆使して人気を博し、ワープド・ツアーという当時のアメリカ最大のツアー式フェスにこっそり入り込む。ファンはジェレミーが書いた曲の歌詞のタトゥーを腕に入れるほど入れ込んでいた。

バンドは全米で熱狂的なファンを生み、東西両岸の主要な開催地でチケットを売り切った。ツアーは若者が情熱をぶつけるのに最適の場ではあったものの、ジェレミーは8ドルの日給でやりくりするしかなかった。

当時、違法な音楽ダウンロードがはびこっていて、レコード業界は混乱を極め、大手レーベルの統合が進んだ。バンドはどうにかツアーやCD、グッズの売り上げでしのいでいた。ファンは仮の宿として自宅に泊まらせてくれた。彼らはとても献身的で、バンドのワゴン車が故障して修理に出している2週間、バンドを泊めて食事を出してくれたこともあった。

ジェレミーは演奏が大好きで、バンドの熱心なファンのコミュニティとも一心同体になっていた。それでも、1年のうち9カ月も占める単調なツアー生活が苦痛になってきた。バンドは徐々に成功し人気を拡大させつつあったものの、ジェレミーはこのライフスタイルは自分に向いていないと判断する。

ブレットから別の道をオファーされた彼は、バンドをやめて僕たちに加わるのだった。

友達として

僕たちは後に、起業家たちが集まるコミュニティを築くことになり、そこに集まった起業家たちは世界を変える新世代のビジネスを生み出していく。だけど当初、僕たちはまず友達がほしいと思っていた。大学のドロップアウト組や風変わりなクリエーターがこうして集まり、互いに大胆なアイディアを出して背中を押し合えたのは心強かったし、僕たちにはまだ見ぬ可能性があると確信が持てた。

僕たちはリスクをとることに決めて、そのリスクを何度も何度もとり続けてきた。繰り返しカジノでテーブルの真ん中にありったけのチップを出してきたようなものだ。数え切れないほど負けはしたものの、トータルでは勝ちが上回った。

しかもそう簡単に勝ってきたわけじゃない。大胆なアイディアは人々のアイデンティティに揺さぶりをかける。自分たちが持っているもの、知っているものを脅かすためだ。人々は大胆なアイディアを信用しない。それがルールに沿わないからじゃなくて、独自の新しいルールを生み出すからだ。

大不況によって株式市場とこれまでのルールブックが裁断され、僕たちの目の前にはまっさらな場所が現れた。そこから新たな道を切り開くことができる。あなたが尊敬する著名人を思い浮かべてほしい。大胆で破天荒な道を進んで成功にたどり着いた人たちばかりだろう。ばかげたアイディアを抱いて、それにこだわり続けたおかげなんだ。
僕たちの中で、そんな大きな夢を最初に見たのはエリオットだった。

2
駆け出しのエリオット

エリオットには夢があったものの、今やっていることをその夢にどうつなげればいいのかわからなかった。

ブレットと初めて出会う1年前の2006年、エリオットはついに大学を中退して、フルタイムで父親の不動産の広告枠を売る仕事に就くことにした。早々にいくつか契約を結んだことに味をしめたエリオットは、ウィスコンシン大学で経済学の入門クラスを取るよりは、ワシントンDCに戻って企業人と雑談するほうが勉強になると考えた。

エリオットは毎晩のように知らない人たちばかりが集まるイベントに足を運び、握手するたびに広告の新たな契約につなげるチャンスだと意気込んだ。しかし本当のところ、どうやってみんなと接していいかわからなかった。熱意しか取り柄がなく、少し気持ちばかりが先走っているように映ったかもしれない。

「こんにちは。ビズノー社に勤めているエリオットといいます。ご挨拶がしたくて。お仕事は何を？」

「こんにちは。ビズノー社に勤めているエリオットといいます。お会いできて光栄です。御社はお付き合いを広げようとお考えではありませんか？」

「こんにちは。ビズノー社に勤めているエリオットです。そのシャツすてきですねえ。お勤めはどちらですか？」

エリオットを気に入った人たちは、彼のことを「カジノ・フロアのエリオット」と呼ぶようになった。気に入らない人たちはもっと心ない名前で呼んだ。

でも熱意がある程度実を結び、夜遅くに彼はホワイトハウスの向かいに借りた小さなオフィスに戻って、集めてきた名刺を会社のデータベースに入れた。ワシントンDCの静かな場所にある両親の家にまだ住んではいたものの、そこには戻らず机の下にクッションを並べて寝ることが多くなっていた。

ホワイトハウスの隣

大学の友人たちがウィスコンシン大学でパーティーを開き、最初のインターンシップをどこにしようかと考え、専攻を決めている頃、エリオットは粗末なオフィスで目を覚まし、顧客になりそうなところに片っ端から売り込み電話をかけまくっていた。

エリオットはあえてホワイトハウスから100ヤード（約91メートル）しか離れていない場所にオフィスを借りて、自分が活動の中心地にいることをアピールしようとした。ただし、彼のオフィスに行くまではギシギシするエレベーターに乗って、窓から小道が見えるほかのオフィスを素通りしないといけない。しかも自分のオフィスには窓が1つもなかった。

エリオットは電話で「ホワイトハウスの隣からおかけしています」と切り出して相手に印象付けようとしたが、うまくいかなかった。同じビルの別のテナントに電話して広告枠を売ろうとしてもダメだった。あげくにビルの管理人に介入される始末だ。

「うちのテナントに売り込み電話をするのはやめてくれ」と管理人は注意した。「しかも君が夜、机の下で寝ていることもわかってる。それもやめてくれ」

管理人が、エリオットがビルで寝泊まりしていたのを知っていたのは、ある晩のことがきっかけだ。カジノにいるみたいなノリで服を脱いで帰ってきたエリオットは、ボクサーパンツとTシャツ姿のままオフィスから締め出されてしまった。どうやって戻っていいかもわからず、フロントの夜間管理人に頼んで鍵を開けてもらい、何とか靴とズボンをはいたのだった。

そんなエリオットも何件か契約を取ることができ、父とのビジネスが軌道に乗って嬉しく思っていた。けれども、単調な毎日に飽きてきて、自分はこんなことをするために生まれてきたんだろうかと考えるようになる。

本当のところ、エリオットには自分が何をしたいのかがわからなかった。1年前に大学をやめてから多くの営業担当者や不動産のエージェントと会ってきたけれど、父親以外に自分で事業を始めた人にはまったく出会えなかった。

エリオットは自分と同じくらい情熱を持ち、自分より経験があって道しるべとなってくれる人に会いたかった。かといって、そういう人がわざわざ自分の小さなオフィスの扉をノックしてくるわけがない。たとえそこが「ホワイトハウスの隣」だったとしても。

チャンスはスキー場にあり

雪が降ってきた2007年の終わり、エリオットはスキー場のリフトで人間関係が築かれ、スキー後の飲み会で契約が結ばれるという話を聞いた。人脈作りのチャンスは街中に限ったことではなくて、ゲレンデにもあるのだと気づいた。

そこでエリオットはあるアイディアを思いついた。彼の叔父と叔母がユタ州のスキーリゾートからほど近いところに住んでいて、小さい頃はそこで休日を過ごしていた。久しぶりに訪ねてもいいかもと思った。

服をしまっていた子どもだんすには今や何千枚もの名刺がしまってある。このネットワークからそれなりの数の人を山に招待すれば、そのうちの何人かと知り合いになれるかもしれない。これはという20人を選んだら、そのうちの7、8人と仲良くなって、新しい友人たちが道しるべになってくれるかもしれない（そこから広告の契約が取れたら、もっといい）。

エリオットはリング付きメモ帳の新しいページをめくってこう書いた。「最高のエリート」

彼は交流があって、この人からなら学べそうだという20人をリストアップした。リストにいるのは不動産取引士、家具の営業担当者、建設会社の経営者、地元のレストランの支配人、ＡＩＧ保険のリスクアナリスト、高齢者団体のＡＡＲＰに就職したばかりの大卒者などなど。

エリオットは彼らにメールでこうプレゼンした。

「私は起業家です。クリエイティブな人たちを20人集めて、グループを作りたいと考えています。お互いに知り合って新しい友人を見つけるとともに、ブレインストーミングもできるようなグループです。大半の方はよく存じ上げていませんから、週末にユタ州のスキー場に一緒に出かけて本物の絆を作るというのはどうでしょうか」

それから一人ひとりに電話をかけて、興味がないか聞いていった。

「どうして知らない人20人とスキー旅行に行くわけ？」と最初の1人が言った。

「あまり気が進まないな」ともう1人が言った。

「僕の次の休みは半年後なんだ」と3人目。「**自分の**友人と行くよ。**君の**友人には会いたくない。そもそも**君自身**がその友人とはそこまで親しくもなさそうだからね」

エリオットは断った人の名前を消していきながら、あきらめずに電話に手を伸ばし続けた。弁護士からは、どうして家具専門の人と会わなくてはいけないのかと言われた。家具の専門家からは、どうして自分が保険のリスクアナリストと付き合わなくてはいけないのかと聞かれた。

次に電話した不動産取引士は少し興味を持ったようだ。

「旅行はいつ？」

「4月17日です」

「4月17日？　スキー旅行には最悪の時期だね」

「スキーが目的じゃないので」

「しかも僕が興味のない人と一緒に行かせたいわけ？　代わりに僕のオフィスに来たらどうだい？　不動産仲介料の話ができるよ」

「不動産仲介料の話がしたいわけじゃありませんよ！」とエリオット。「ほかの起業家に会いたいんです！」

エリオットはどんどん名前を消していった。下に行けば行くほど反応は悪くなった。それでも電話をかけ続けた。

「君は旅行の計画の立て方も知らないのか」と言われた。「君のことは知ってるよ。広告の契約すら取れてないじゃないか！　そんな君を信頼して僕の旅行計画を任せられるわけがないだろ」

それからまた別の人へと電話を続けた。

何日も挑戦した末に、残るは最後の1人となった。

「いかがでしょうか」とエリオットは言った。「20回も電話して申し訳なかったですが、スキー旅行にお誘いしたかったんです」

「行きたかったら、折り返し電話してるよ」

メモ帳の最後の名前が線で消された。

1つもイエスの返事がもらえなかった。それでもエリオットは自分のアイディアを信じた。断られても、へこたれなかった。なにせ今回の売り込み電話には生活がかかってるんだ。

パッとしないテニスプレーヤーだった頃に懸命に努力したおかげで、エリオットは負けの受け止め方がほかの人とは違っていた。メモ帳にあふれ返る断ってきた人たちの顔ぶれを見直して、こう悟った。誰も自分のアイディアを面白いと思ってくれなかったんだ。自分はちまちま考えすぎていた。それならば、とパッとひらめいたのは、もっとでかく考えることだ。

サミット・シリーズが誕生したのは、名前を聞いてもっとわくわくする人たちのリストが必要だとエリオットが悟った、まさにそのときだった。

3
大物を狙え

これだっていうアイディアが浮かんでも、それをぶつける肝心の相手を間違えたら意味がない。

エリオットが子どもの頃から使っているたんすの中でほったらかしになっている名刺の束は、保険やソファーの営業担当者にとっては価値があるけれど、エリオットは別に家具の営業担当者になるつもりはない。この人と一緒に過ごし、この人から学びたいと**本気で**思えるのはどんな人だろう。エリオットは、自分に刺激を与えてくれる会社と、その裏側にいる新世代の起業家を思い浮かべた。

彼はメモ帳を置いてパソコンの電源を入れ、新たなスプレッドシートを作り始めた。自分と同年代で、ゼロから何かを作り上げたような人はいないだろうか。リストは次のような名前から始まった。

ブレイク・マイコスキー：ブレイクはトムスシューズでまったく新しいビジネスの切り口を考案した。1足売り上げるごとに、必要とする子どもに靴を1足寄付するというものだ。

リッキー・ヴァン・ヴィーンとジョシュ・アブラムソン：リッキーとジョシュは世界最大手のビデオサイト、Ｖｉｍｅｏ（ヴィメオ）を立ち上げるとともに、ウェブサイトのカレッジユーモアを創業し、ジョークや愉快なビデオを集めた世界最大のサイトを作った。

ジョエル・ホランド：ジョエルは、10代の頃に全米を回って地平線や街の景観をビデオ撮影し、『ビジネスウィーク（現ブルームバーグ・ビジネスウィーク）』誌の「世界を変える25歳未満の25人」に入った。彼が立ち上げる動画素材サイトのビデオブロックス（現ストーリーブロックス）のおかげで、企業は素材フィルムを集めるために従来支払っていた数千ドルを浮かせることになる。彼がこうした構想を考えついたのは、まだ大学生のときだった。

以上はエリオットが共感し、この人から学びたいと思った人たちの顔ぶれだ。彼らが集まったら、お互いから学ぶこともあるかもしれない。

リストの上から

エリオットが最初に電話したのはジョエル・ホランドだ。ジョエルにユタ州まで来てもらえることになったら、それに続く電話が楽になると思った。なにせ「世界を変える25歳未満の25人」のリストに出た人物だ。彼が来たら旅行の価値が認められ、ほかの人も続々参加してくれるはずだ。

エリオットは、『ビジネスウィーク』誌のリストが発表されてすぐの時期にジョエルに連絡した。でも当然ジョエルはたくさんの電話を受けていて、その大半は相手にしない。本当に大事な電話ならまたかかってくる、とジョエルは思っていた。エリオットはもう一度電話したが、ジョエルはそれにも出なかった。一方、エリオットがフェイスブックのメッセージ欄にいきなり連絡すると、ジョエルはやっと降参した。

2人がランチで顔を合わせたとき、エリオットはジョエルに突飛なアイディアをぶつけてみた。エリオット自身も会ったことがなく、お互いのことも知らない若くてエネルギッシュな起業家たちを山に集めて、ビジネスで直面している専門的な課題について話し合い、協力して解決策を見出そうというアイディアだ。

ジョエルは気乗りしなかった。起業家を突き動かすのは自分自身のビジョンだけだよ、とエリオットに言うのだった。アメリカでは、大義を全うするための自己犠牲よりも個人主義のほうが重んじられがちだからというわけで、彼の返事はノーだった。

そこでエリオットはリストの次の名前に狙いを定めた。カレッジユーモアの創業者だ。幼なじみのリッキー・ヴァン・ヴィーンとジョシュ・アブラムソンは、別の大学に通いながら1999年に会社を設立した。エリオットは2人が撮影した1本のビデオに夢中になり、大学の寮で繰り返し見ていた。エリオットがリッキーとジョシュに注目したのは、90年代はまだ学生が起業するのが珍しかったからでもある（時代は変わったものだ）。エリオットは2人がやっていたことに何から何まで憧れていた。

エリオットが2人に電話した頃、カレッジユーモアは50人の従業員を抱えるまでに成長し、マンハッタン南端部にある天井の高い広々としたビルに本社を移していた。リッキーとジョシュのアシスタントは電話をつなぐことを拒んだものの、エリオットは繰り返し電話する。とうとう根負けしたアシスタントはジョシュにつないだのだった。

エリオットはジョシュにアイディアを語った。ジョシュにはエリオットが頭がおかしなやつに思え、スキー旅行に行ったらひどい目にあいそうだと警戒する。なんでわざわざ「ホワイトハウスの隣」にいるやつと一緒にユタ州まで行かなきゃならないのか。

しかし、ジョシュの会社の根底にはユーモアがある。そこで、疑うことを知らない共同創業者のリッキーをからかってみたくなった。ジョシュはエリオットに、「スキー旅行はすばらしいアイディアだと思う」と言って、リッキーの電話番号を教え、彼にも電話してみるよう促した。

耳を引くオファー

エリオットからの電話に出たリッキーは、スキーリゾート地のタイムシェア（リゾート地のホテル等を一定期間使用できる権利）を売りつけられるんだろうと警戒した。だがエリオットの売り込みには耳を引く宣伝文句があった。ユタ州までのファーストクラスの航空チケットは、自分が負担すると言うのだ。リッキーとジョシュは『ニューヨーカー』誌に載ったことはあるが、ファーストクラスに乗ったことはない。リッキーは興味津々だ。

エリオット・ビズノー、こいつは何者だろう。20代や30代の起業家を集めて会議やリトリート（日常を離れたリフレッシュのイベント）をやるなんて、誰も考えなかった。自分たちがニューヨークで受けてきた恩恵といえば、せいぜい豪華な吹き抜けのバーでの、無駄に長いハッピーアワー（サービスタイム）くらいのものだ。これは詐欺なんだろうか。

確かめる方法はただ1つ。起業家はリスクに対して比較的寛容だし、このリスクには豪華な飛行機のチケットが付いてくる。エリオットの最初のリストに載っていた人たちと違って、リッキーにはエリオットが何者か知る手がかりがなかったから、逆に興味を持った。リッキーはジョシュのオフィスに行って尋ねた。

「ベン・レラーって、ユタ州のパークシティに家を**持ってた**よな?」

ベンは2人の友人で、飲食、旅行、エンタメ情報を紹介するウェブサイトのスリリストを立ち上げていた。

「ああ、ベンならそこに家を**持ってる**けど」とジョシュは怪訝そうに答えた。いたずらが逆効果で、リッキーは本当に興味を持ってしまったようだ。

一方のリッキーは、もし自分たちがスキー旅行に行ってだまされたとしても、少なくともファーストクラスのチケットは保証済みだし、ベンにも会えると思った。しかもやけに熱心なやつだから、「ベンをスキー旅行に一緒に誘ってあげてくれ」と言っても大丈夫そうだし、そうなれば人数的にも安心だ。

こうしてエリオットの最初の2人のゲストが固まった。しかも、ニューヨークで売り出し中の若き起業家の1人がおまけとして付いてくる。

ただし、彼らはともかく、エリオットにとってはタダじゃない。総額でどれくらいかかるか見当もつかなかった。ファーストクラスの飛行機代がいくらなのかも知らなかったし、口では大丈夫と言いながら、宿代や夕食代、スキーパス代をどう工面するかも考えていなかった。予算はなかった——クレジットカードは何枚か持っていたけれど。

ほかに誰が行くのか

エリオットはジョエル・ホランドにもう一度電話した。ただし、彼に正面から参加を頼むのではなく、別の質問を投げかけた。それは後にサミット・シリーズの成長戦略の土台となる質問だった。エリオットはジョエルにこう聞いた。「**ほかに誰か**来たいと思ってくれそうな人を知りませんか」と。

ジョエルは数人の名前をそれとなく挙げて、彼らの人となりを保証した。そのときこう脳裏をよぎった。〝友人たちにこのばかげた全額無料のスキー旅行を提案した手前……自分も一緒に行かないわけにはいかないな〟

そこでジョエルも参加することにした。

このときエリオットは気づいた。４人にイエスと言わせることができたら、20人集められる。物理学であれビジネスであれ、世の中には何事にも決定的な転換点というものがある。最初のひと押しが最も困難だが、ひとたび動き出せばあとはどんどん楽になる。

次にエリオットはトムスのブレイク・マイコスキーに電話した。エリオットは大学時代からトムスに魅せられていた。記事を読んでトムスのことを初めて知り、すぐさま靴を買ったくらいだ。トムスが誕生するまでの物語はシンプルだ。アルゼンチンに旅行した際、ブレイクは子どもたちの多くが靴を履いていないことに気づいた。彼は、出会った子どもに靴を買ってあげるよりも、もっと持続可能で長期的な解決策を見つけたいと考えた。彼はアルゼンチンの靴職人とともに、現地の伝統的な靴であるアルパルガータを作ってアメリカで売り、その収益で靴を持たない人に靴を贈って支援することにした。

トムスの最初の靴がブティックに登場して『ロサンゼルス・タイムズ』紙に記事が出ると、たちまち手元の在庫の14倍もの注文が来てブレイクはびっくりした。生産が追い付かないほどになり、トムスが配り続けた靴の数は100万足を超えた。

その頃、エリオットはこのような地味なビジネスモデルを基に、ブレイクがどうやって会社の規模を大きくしていくのか興味を持った。そこで、サンタモニカにあるブレイクのおんぼろの倉庫に電話した。

幸い、ブレイクのアシスタントはエリオットのやる気と熱意を理解してくれた。旅行に何の悪意もないことを細かく確かめると、ブレイクに招待の電話をつないで、費用はすべてエリオットが持つことを強調した。「最悪でも、無料で週末にスキーができます」と。

ブレイクは気になって電話に出た。真剣に話を聞いて、最後にほかのみんなと同じ質問をした。

「ほかに誰が行くの?」

エリオットは待ってましたとばかり、早口に名前を挙げた。「『ビジネス・ウィーク』の『世界を変える25歳未満の25人』に載ったジョエル・ホランド、カレッジユーモアのリッキー・ヴァン・ヴィーンとジョシュ・アブラムソン、スリリストを創設したベン・レラー……」

ブレイクは参加を決めた。

スポンサー探し

こうなるとエリオットは全額を負担する方法を考えなくちゃいけない。どれだけ費用がかかるかはわからなかったけれど、スポンサーを見つけて赤字を埋めるのが賢いやり方だ。そこで再び電話をかけ始めた。

エリオットにはスティーヴという知り合いがいた。彼はハイスクール時代にエリオットの兄のためにボランティアでアメフトのコーチをしてくれた人で、不動産大手のジョーンズ・ラング・ラサールで仲介の仕事に就いたばかりだった。

エリオットはスティーヴに頼んで、会社のあらゆるコネを使って金を投資してもらうよう頼んだ。「この旅行でいいお客さんに会えるよ、スティーヴ」と提案しつつ、声の必死さを懸命に隠そうとした。

「君の会社がスポンサーとして1万ドル投資するっていうのはどうかな？」

そう言って固唾をのんだ。

これが絶好のチャンスだってことがうまく伝わったかどうかはわからない。でも、新米の不動産取引士として軌道に乗りたかったスティーヴは、上司に独創的なアイディアを持って行ってみることにした。双方にとってラッキーなことに、スティーヴの上司はイケると考えて、この会社が1万ドルを投資してくれることになった。

　これをきっかけに、自分の売り物はスキー旅行じゃなくて新たなビジネスチャンスなんだと察したエリオットは、こう自問した。次世代のビジネスリーダーたちに会いたいと考える人が自分以外にいるとしたら誰だろうか。答えは明白、ベンチャー投資家だ。

　彼は名刺の山を漁って、一度だけ会ったことがあるベンチャーキャピタルの人に連絡し、「この旅行は他社に先手を取る最高のチャンスですよ」とアピールした。「想像もつかない人が来ますから」

　何度かお願いするとうまくいった。この会社も1万ドルを投資してくれた。

　ほかのスポンサーのアイディアもひらめいた。そういえば、自分のスキーウェアは7年前に買ったものだ。新品のウェアをみんなに提供するのはどうだろう。

　エリオットはノース・フェイスのマーケティング部長にいきなり電話をかけ、大胆にも「御社のブランドの方向性を大きく変えてみたいと思いませんか」と訴えた。するとエリオットも驚いたことに、向こうは本当に**興味を持ってくれた**。新世代の起業家へのマーケティングというアイディアを気に入ってもらえたのだ。

　このアイディアとエリオットの要望は、会社の規模からすれば実際のところごく小さいもので、ノース・フェイスはジャケット20着とトラベルバッグ20個を作ってくれた。

　それからエリオットは『フォーチュン』誌に連絡した。メディアがスポンサーにつけばイベントの信頼性が高まると考えたからだ。『フォーチュン』誌には金を出すスポンサーになることは断られてしまったが、アイディアに興味を持った編集者の1人が電話で取材してくれることになった。

エリオットは忙しい20人に自分と一緒にスキーに行ってもらうという1つ目の問題を解決した。2つ目の問題もほぼ解決しそうだ。イベント全体は3万8000ドルかかりそうだが、そのうち3万ドルくらいをスポンサーから得た金で回収できた。残りはクレジットカードで払えばいい。

何もかも未経験

ところがこれらを解決したはしたで、新たな問題が雪だるま式に増えてくるなんて思いもしなかった。

まず、みんなをどこに泊めたらいいだろうか。空き部屋を貸したい人と部屋を借りたい旅人とを仲介するAirbnb(エアビーアンドビー)が生まれるのは1年先のことで、それを別にしてもエリオットはこれまで家を借りたことさえなかった。大学は寮だったし、今は実家で暮らしている(オフィスの机の下で寝るのは禁止された)。

実のところ、これまでエリオットが経験した泊まりがけの旅行は家族旅行だけ、つまりホテルの部屋を予約したことがないのだ。レストランでディナーを予約したこともない。酒は飲まないから買ったこともない。

助けが必要となったエリオットは母親に支援を求めた。彼の子ども時代に休暇をのびのびと過ごさせてあげた彼女は、お母さんらしく息子に救いの手を差し伸べ、ユタ州のアルタ・スキー・エリアにスキーハウスを見つけてくれた。問題はただ1つ。借りた家には9部屋しかない。エリオットのゲストは20人弱。知らない者同士の20人に、相部屋を頼むことになる。

それもさることながら、さらに大きな問題もあった。エリオットはそもそもパーティーの開き方を知らなかったのだ。

4
初めてのイベント

2008年4月のすがすがしく晴れ渡った金曜日、参加者がやってくるわずか2時間前に、エリオットはソルトレークシティーに到着した。サバーバン（ゼネラルモーターズがシボレーブランドで販売する車種）を借りてコンビニへと急ぎ、到着する一行のためにスナック菓子を選んで、人生で初めて堂々とビールを買った。

宿泊先に着いて荷物を下ろすと、何もかも手はずが整ったかのように思われた。冷蔵庫にはビールが1箱、テーブルにはスナックの山らしきものがある。山は山でも、1人分の山にしかならなかったのだけど――。〝週末の夜はビールで乾杯だな〟とエリオットは思い描いた。〝みんなで盛り上がろう〟

参加者がちらほらやってきて、エリオットは到着した一人ひとりに借りた家をうやうやしく案内した。

みんながキッチンに向かって歩いているとき、エリオットは「今週末の計画は何も立ててないんだ」とジョエル・ホランドに言った。「みんなが知り合いになることが狙いなもので。週末は盛大なパーティーといこう！」

エリオットは得意げに冷蔵庫のドアを開けてビール24缶を取り出した。

〝20人にビール1箱？　これで盛大なパーティー？〟とジョエルは思った。

若者にとって居心地の悪い場面では、昔からビールがすばらしい潤滑油だと相場が決まっている。知らない人間と部屋をシェアするのだと参加者が知ると、ビール24缶はたちまち消えた。

この時点で誰もが感じたのは、気まずい空気だけだ。

エリオットが招待した画家が登場したとき、空気はさらに重くなった。エリオットは作品をここで展示してほしいと言って彼を招待していた。作品を眺めることで、この集まりの創作エネルギーが高まると考えたのだ。

大成功した起業家がコレクションとして絵を買ってくれるかもという期待に胸を膨らませ、画家はこれまでに描いた数々の作品を貸しトラックに積んで運んできた。このとき、起業家のほとんどはビジネスに没頭していて、誰一人絵を買ったことはなく、スタートアップの株式という資産はあっても、この旅行を機に買おうなどと思う人は皆無だった。

作品を披露すると、画家はしきりに部屋中を歩き回って買いませんかとアピールしたが、ほかの起業家たちは巧みにそれをかわす。「ちょっと片づける仕事があるんで」を便利な口実にして、みんな長机でノートパソコンを開く。「ちょっとビールを買ってくる」もいい口実で、募りに募っていく緊張感を和らげるのに役立った。

リッキーとジョシュの悪だくみ

カレッジユーモアのリッキーとジョシュは、この気まずい空気をどうにかしよう、何か面白いことをやってやろうと考えた。参加者が車数台に分かれてエリオットの母親が予約してくれた一流レストランに向かうとき、リッキーとジョシュの中ではすでに悪だくみが固まりつつあった。

参加者たちは長机を囲んでいて、エリオットは上座にいた。エリオットがトイレで席を立つと、リッキーとジョシュはすぐさまみんなに計画を打ち明けた。2人はレストランの支配人に白い紙を渡して、エリオットが戻ってきて座ったら彼の前に置いてくれるよう頼んだ。ほかのみんなにもひと芝居打ってくれと言っておいた。

エリオットがテーブルに戻って座ると、レストランの支配人が演技賞もののお芝居をしてくれた。「申し訳ございませんが」と彼は言いにくそうに、そっとエリオットの前にメモを置いた。非常に深刻な様子で、いかにも何か問題がありそうだ。

「エリオット、それ何だい？」とジョシュが聞いた。

「すごく変なカードだ」

「何て書いてある？」


お客様のお召し物は当店にふさわしくありませんので、すぐにお着替えください

——支配人

「何てこった、着替えないと」と誰かが叫んだ。

「車に着替えの服なんてないよ！」

「服が買えるような一番近い店はどこ？」

「さあ」

「でも**着替えなきゃ**」

「僕の服のどこがダメなの？」

「シャツを見てみろよ。ふさわしくないぜ」

「ボタンダウンだよ。**君が着ているの**と同じじゃないか」

「**同じなもんか**。シャツの**色**が問題なんだよ」

こんな調子で、襟の形に至るまでエリオットの服装の隅々についてあれこれ文句が飛び交うも

のだからたまらない。エリオットの焦りが頂点に達したとき、みんなが噴き出した。

エリオットは目を閉じてしぶしぶほほ笑み、それから一緒に笑い出した。すると、参加者が到着してからずっと蓄積していた重い空気が一気に吹き飛んだ。テーブルのあちこちで会話に花が咲き、みんながリラックスした夜を過ごし、深いつながりが生まれた。夕食が終わる頃には誰もが陽気な気分になり、エリオットのサバーバンの後部座席にぎゅう詰めに乗り込んで帰路についた。

刑務所行きだ

エリオットが騒々しい参加者たちを乗せて出発したとき、空は真っ暗で道にほかの車は1台も走っていなかった。そこに「左折禁止」の標識が見えてきた。車はまったく走っていないし、エリオットが借りていたスキーハウスは左方向だったので、かまわず左折する。そのとたんにサイレンが暗闇に響き渡り、隠れていたパトカーが後ろに停車した。エリオットは運転していた乗員オーバーのレンタカーをゆっくり停めた。

巡察の警官はうんざりするくらい長い時間パトカーの中で待機していたようだ。ベン・レラーがすかさずこう言った。

「ビズノー、君は刑務所行きだ！　イベントも終わりだ！　まだ始まってもいないのに」

「やめてくれ！　僕は何も悪いことはしてないよ！」

「いいや。俺たちは車の中にぎゅうぎゅう詰めだ。乗員オーバーで違法だよ」

エリオットがバックミラーに目をやると、後部座席に座る9人のすき間からかろうじてパトカーが見えた。

「やめてくれ、ベン！」

エリオットの緊張した声を聞いて、サバーバンに乗っているみんながからかい始めた。

「酒を飲んだのはまずかったな、エリオット！」

「飲んでないよ！」

「君は刑務所行きだ！　今は金曜の夜だから、週末はずっと刑務所だな。でも心配すんな。俺が運転を引き継いで、スキーハウスも切り盛りしてイベントをやっとくから！」

警官がパトカーから出てくると、車のみんながエリオットをはやし立てた。

「やめてくれってば、ベン！　頼むから！」

窓を閉めていても外から聞こえそうなほどの笑い声の中、エリオットは心臓がバクバクしていた。警官がドアに近づいてくる。それから、いきなり重々しい、映画のワンシーンのような沈黙が訪れた。

エリオットは運転席の窓を開けた。警官は彼の免許証と車両登録書を預かり、車の後部座席をいぶかしそうにのぞき込むと、いったんパトカーに戻っていった。エリオットは1時間取り調べを受けているような気分になった。刻一刻と緊張が増す間、後部座席のみんなはエリオットをずっとからかっている。やっと戻ってきた警官は、いつもするように淡々と違反切符を切った。

運転席の窓が閉まると車内はまた笑いの渦に包まれ、エリオットは帰宅するまでずっとネタにされた。でもこの通過儀礼によって、エリオットの予想を上回る絆が生まれていた。もう誰も他人と一緒の部屋で寝るのを嫌がらなかった。主にエリオットのことをネタに、何度も今夜の事件が蒸し返されて笑いが起きた。雪が積もってポイズン・アイビー（毒ツタ）がまばらなことを別にしたら、サマーキャンプみたいな盛り上がりとなった。

完ぺきでなくても

次の日、みんなでスキーに出かけた。後にYコンビネータ（スタートアップ企業への投資会社）の社長となるサム・アルトマンと、ヴィメオとトムスの創業者たちが親しくなって、苦労話を聞き合っていた。3人はビジネスのコツやワークライフバランスを保つ方法についても、お互いからヒントを得た。参加者それぞれが過去の失敗と教訓を打ち明け合い、週末が終わる頃には、みんながお互いのビジネスとこれまでの紆余曲折を知った。中には生涯にわたる友情が芽生えた組もあった。

その中で最大の教訓を得たのはエリオットだろう。ほとんどの人は、完ぺきに準備ができていなければ、イベントを開いたり、打ち合わせを設定したり、あるいは大事なメールを送ったりするのにも及び腰になってしまうものだ。すべてが完ぺきじゃないなら、自分をアピールしないほうがいいと決めつけてしまう。

一方エリオットは、イベントにとって本質的に重要なのは、まさかの事態が起こる余白を残しておくことだとこのとき理解した。何が起こるかわからない無秩序な余白を残しておけば、そこに活気の火が燃え上がるかもしれない。それはスーパーで買うピカピカのりんごと、木から落ちて少し傷のある有機栽培のりんごの違いに似ている。磨きさえすれば、道端に落ちていたりんごのほうがはるかに美味しく味わえる。

やみくもに電話をかけ続けて、エリオットは友人でさえクレイジーだと思っていたイベントをあきらめずにやり遂げた。そして今、彼は20人と新たに友達になった。その中の誰一人、彼をクレイジーだなんて思っていない。

それどころか、みんながエリオットを気に入ってくれた。

雪山を離れるとき、参加者から半年後にまた別の集まりを開いてくれないかというリクエストがあった。エリオットには思いもよらない言葉だった。週末を何とかやり遂げたはいいが、この先数カ月かけてクレジットカードの借入金を支払わなくちゃいけない。

みんなに別れを告げてまもなく『フォーチュン』誌の記者から電話があり、エリオットはイベントの様子を説明した。電話が終わる頃、記者は最後にこう質問した。

「今回のイベントの名前は?」

スキー旅行に名前を付けるなんて、エリオットは考えもしなかった。旅行にわざわざ名前なんか付けるだろうか。週末に友達と遊ぶのに名前を付けることはないのに、今回は何が違うというんだろう。

「どういうことですか?」とエリオットは聞いた。

「君はイベントを主催したんだ。名前は何て?」

「なるほど。もちろんありますよ……」

「じゃあ、何ていう**名前**?」

エリオットは週末が終わっても着ていたノース・フェイスのジャケットをちらっと見て、袖に書いてあった言葉をそのまま読んだ。

「サミット・シリーズ」

5
強力な助っ人

突然みんながエリオットに折り返しの電話をくれるようになった。

なにせみんなをファーストクラスの飛行機に乗せて、会いたいと思っていた人を紹介してもてなし、胸躍る週末を演出、しかも費用を全額負担したとなれば、対応も温かくなるみたいだ。

エリオットの最初の誘いを断った人たちも、スキー旅行の評判を聞きつけて、行けばよかったかもしれないと興味を持った。断ったことを謝り、留守電にメッセージを残して、次のイベントをいつ、どこで行うのか聞いてきた。とはいっても山の雪は解けていくし、かといって1年も待つのは長すぎる。

そこでエリオットは、次のイベントではスノーボードをボードショーツ（サーファー用の水着）に転換しようと決めた。前途有望な起業家を60人招待する。開催は半年後。場所は太陽の光がさんさんと降り注ぐメキシコだ。

そう考えるだけで背中に日差しが照り付けるような気がした。参加者たちは長めの週末にビジネスの秘訣を交換し合いながら、プールのそばでマルガリータのカクテルをすすり、ウミガメと一緒に泳ぐ。まさに夢のようだ。

とはいえエリオットはこのときも実家の子ども部屋暮らしで、日の当たらないオフィスで働いていた。

クレジットカードの返済がままならない中では休みを取る余裕もなく、かといって2度も母親に宿泊先を調べてくれるよう頼むわけにもいかない。そんな中、この機会に飛びついて手助けしてくれる友人が現れた。彼は会社の仕事に息苦しさを感じていた。

ライアンとの出会い

ライアン・ベゲルマンはワシントンDCで大手の未公開株式投資会社に勤めていた。仕事の大半はもっぱら不動産を買って取引することだったが、どこかが巨額の資金を投じて買収した会社をスリム化すること、つまり人をクビにすることも彼の仕事だった。

仕事を始めて数年が経ち、ライアンは着心地の悪いスーツを着て、1日中スプレッドシートを高速でさばいていくのにうんざりしていた。だから上司に内緒で、ワシントンＤＣエリアで買えそうな小さな土地を視察していた。それが自分にとっての突破口になるかもしれないと思ったんだ。

地元の不動産市場について知ろうとして、ライアンが見つけたのはウィットに富んだネットのニュースレターで、発行しているのはビズノー・オン・ビジネスだった。このニュースレターが頭から離れず、作った人に会いたくなったライアンは、不動産の交流会でエリオットを探した。そして、彼がワシントンＤＣの夜景を屋上から見下ろしているところを捕まえた。

エリオットに会うなり、ライアンは驚いた。〝この若者は何者なんだ？　自分より2歳下なのに、自分と同じ起業家になる夢を抱いて頑張っている〟

ライアンがエリオットのオフィスを毎日訪ねてビジネスのアイディアについて語ったり、ビズノー・オン・ビジネスの仕事のやり方を学んだりしていくうちに、2人はすぐさま親しくなった。そのおかげで、エリオットがメキシコのイベントの準備を手伝ってくれと連絡すると、ライアンは喜んで加わってくれた。

ライアンは計画を立て、実現に向けて調整をするのに長けていた。電話でメキシコ各地のリゾートを当たり、採算が取れそうな開催地と施設を探した。

彼が開催地に選んだのはカンクンの近くだ。メキシコのカンクンは日常から逃れるのにすばらしい場所だし、ほとんどの主要都市から直接飛行機で行ける。つまり数時間足らずで参加者は透明な海に囲まれた白い砂浜に行けるってわけだ。

ライアンはカンクンの南にある港町、プラヤ・デル・カルメンに全員が泊まれるホテルを見つけた。5つ星ホテルじゃないし（またしても）相部屋だけど、エリオットはお互いの距離の近さが最初のイベント成功の一因だと思っていた。あのイベントでは部屋を共有することでサマーキャンプのようなノリが生まれ、雪の積もるユタ州での気まずい壁を取り壊してくれた。

ライアンが加わったことで、エリオットは不得意だった細かい段取りにとらわれる不安がもうなくなった。おかげで一番得意なことに専念する時間ができた。それは面識のない人への勧誘電話だ。

島をつなげる

エリオットは参加者のリストを作り始めた。その中の人たちはお互いを知らないかもしれないものの、ポスト・ドットコム・ビジネス（インターネットの隆盛以降のビジネス）のオーナーである彼らには共通の熱意と苦労があった。

フロリダ南西の沖合に連なるテン・サウザンド諸島みたいなものだ。ここのどれか1つの島にいたら、孤立した気分になる。でも、もし大きな高みから見下ろしたら、すべての島が鎖のようにつながっていることがわかる。

エリオットが目標とするのは、こうした孤島の間に架け橋を築くようなことだ。孤立を感じる起業家に、実際はつながっているということを示したかった。

フェイスブックがサービスを開始したのは2004年。ユーチューブは2005年。ツイッターは2006年。iPhoneが市場投入されたのは2007年。

そして今や2008年の夏を迎えていた。スタートアップ文化が盛りを迎え、インターネットのおかげで若者は大学に行っている、いないにかかわらず、自分の製品をネットで市場に出品し売ることができる時代。エリオットは、サミット・シリーズの力でこうした個々のビジネスをつないでコミュニティとして急成長させ、誰かが学んだ教訓が別の誰かにも役立ってくれたらと望んだ。

エリオットに新たな人脈ができていたおかげで、招待する人には事欠かなかった。彼が作成したリストには、アメリカで最も有望なビジネスリーダーの名前が何人か含まれている。

ティム・フェリス：ティムは現代の起業家のバイブルとなった『「週4時間」だけ働く。』を2007年に出版した。彼はメキシコのイベントでの講演を引き受けてくれた。

スコット・ハリソン：スコットはチャリティー・ウォーターという、世界中の干上がった地域にきれいな水を提供する慈善団体を立ち上げた。彼も講演を引き受けてくれた。

キャサリン・ルヴィーン：キャサリンはデイリーキャンディーという、アメリカで最も人気のニュースレターの1つを運営している。デイリーキャンディーは最終的に1億2500万ドルでメディア企業のコムキャストに買収される。

クリス・サッカ：クリスは資金を集めてロウアーケース・キャピタルを立ち上げる前からイベントに参加していた。ロウアーケース・キャピタルはベンチャーキャピタルの中でも有数の成功を収める。

ガレット・キャンプ：ガレットは後にウーバーの共同創業者となる。

キャロライン・マッカーシー：キャロラインはグーグルのマーケティング戦略担当となり、ソーシャルメディアで最も影響力のある人たちとグーグルをつないだ。

トニー・シェイ：トニーはアパレル関連のオンライン販売のザッポスで、インターネットによるカスタマー・サービスに革命をもたらしていた。メキシコのイベントの後、彼は会社を10億ドルで売却する。

ビジネスでの誰の目にも明らかな業績に加えて、彼らはさらに重要なものを共通して持ち合わせていた。それは各自を突き動かす情熱、強い好奇心、成功して世界を前進させようという意欲だ。これがみんなをより深いところでつないでいる。

ここに挙げた起業家は全員、参加を承諾してくれた。彼らが参加すると聞きつけて、ほかの若い起業家もどんどんリストに加わり、弾みがついていった。

膨らむ費用

とはいえ、いいニュースばかりじゃなかった。

メキシコ旅行の費用はエリオットがユタ州の際に出した額をはるかに上回ってしまう。もう参加者をメキシコまでファーストクラスで行かせる余裕はないため、招待状にはカンクンまでの旅費は各自で負担してもらう旨を書いておいた。

ユタ州のパークシティで、サバーバンの後部座席からエリオットをからかっていた連中は、飛行機のファーストクラス代がなくなったことを揶揄したくなったが、さすがにエリオットが60人の参加者を外国まで飛行機で行かせるのは無理だとみんなが納得した。

それでもエリオットは、収支を合わせるためにスポンサーからおよそ13万ドルを集める必要がある。しかも昼間働きながらこの額をかき集めなければならず、全部こなすのは並大抵のことじゃない。

広告の画素数についての質問メールに答えながら、新たな広告主になりそうな人たちに売り込み電話をしたり、フェイスブックの共同創業者に出席を確認したりと大忙しだ。1日の時間は限られているから、メキシコのイベントのスポンサー募集を助けてくれる人が必要だった。

一方、メキシコのイベントを手伝ってくれているライアンも、メルセデスやナイキのエージェントにいきなり電話をかけて、出資を頼もうと右往左往だった。そこでライアンは提案した。

「ブレット・リーヴはどうだろう」

そう、ブレット・リーヴの登場だ。

微妙な第一印象

エリオットが最初にブレットに会ったのは、2人が人脈作りのために参加したULI（アーバンランド研究所）という非営利の教育研究組織のイベントだった。エリオットはもっと広告枠を売ろうと片っ端から名刺を配り歩き、ブレットは不動産の開発に興味のある人がいないか探していた。この夜にみんなが講義を聞こうと隣の部屋に続々と入っていったとき、2人は生野菜のお皿が載ったテーブルに取り残された。

「どうも、僕はビズノー・オン・ビジネスのエリオットっていうんだ!」とカジノ・フロアのエリオットは陽気に声をかけた。

「初めまして。ここでは若い人は君だけのようだけど」

「そのようだね」

エリオットの醸し出すカジノのノリは、ブレットにはあまり響かなかった。

「仕事は何をしてるの」とエリオットが尋ねた。

「不動産だけど」

「それはよかった！」とエリオット。

「僕も不動産なんだよ！　明日の夜、メジャーリーグのワシントン・ナショナルズのパーティーがあって、チケットを2枚持ってるんだ。一緒に来てくれよ！」

すばらしいコネが作れるからと誘うエリオットを、ブレットはあまりよく思わなかったものの、不器用ながらも積極的なところには惹かれるものもあり、つい行くと言ってしまった。

でも次の晩、来てはみたもののブレットは居心地が悪かった。パーティーでエリオットが自分そっちのけで名刺を片っ端から配り歩くものだから、帰ることにした。エリオットに「招待してくれてありがとう」と別れを告げて早めに帰宅する。

「気にしないで」とエリオットは言ったが、すぐにまた向きを変え「どうも、エリオットです！」と隣の人に声をかけるのだった。

その後もエリオットはブレットと連絡を取り続けた（実は、ブレットはエリオットの最初のリストに名を連ねた地元の企業人20人の1人だった。ほかの19人同様、彼も断っていたんだ）。メキシコのイベントを準備する前に、エリオットは彼をライアンに紹介していた。このとき2人は数ブロック離れた場所で暮らしていて、同じジムに通っていることを知る。ブレットとライアンは毎日のように会って親しくなった。

ブレットを誘う

ユタ州のイベントの成功から1年も経たないのに、エリオットはメキシコのイベントの招待リストも何とかなると自信を持っていた。細かい段取り担当のライアンという強い味方がいる。あと必要なのは、パーティーを盛り上げることができて、スポンサーの金を集めてくれる人だ。

ライアンはブレットに連絡した。「あのエリオットというやつを覚えてる？　最近はそいつとずっと一緒に仕事してるんだよ」と言った。「それで君にも参加してほしいんだけど」

ブレットは迷った。「そうねえ、彼のことはよく知らないし」

「まあ、あいつは……変わってるけどね」とライアン。

確かにその通りだった。エリオットは思春期の大半をもっぱらテニスにつぎ込み、ビジネスの場での人との接し方を知らなかった。一方でブレットは、ナイフを売ったり大学でパーティーを開いたりして、自然と社会の動きを学んでいた。

「でもあいつと組めば、違うスキルを持った人間が集まった強いチームができる。俺たちを助けてくれないか」

確かにブレットはエリオットも知らない、人を楽しませるコツを心得ていた。とはいえブレットも週末のパーティーの開催で手一杯だったので、別のパーティーを手伝う気になれなかった。でももし自分が参加することになったら、スポンサーの獲得に専念すればいいと考えた。それに、エリオットのもくろみがうまくいかなくても、少なくともセールスの機会をもらえて金を稼げるし、新しい人脈ができてその先プラスになるかもしれない。

ブレットはエリオットに会って、歩合制でスポンサーを見つけたいと申し出た。ブレットにとって、歩合制で働くことは自分の能力と意欲に自信があることの証しであり、しかも給料を求めないから交渉もスムーズに運んだ。

握手を交わして契約は結ばれた。ブレットは自分が獲得したスポンサー料の20パーセントを受け取ることになり、その額がトータルで3万ドルを超えた場合、ブレットはパートナーとして参加する。

しかし、スポンサーに売り込むのが簡単な時代ではなかった。ブレットは思いつく限りのベンチャーキャピタルや法律事務所に電話して、やっと契約を得たのはわずか2社。2カ月頑張って契約した額は9000ドルにしかならなかった。

ジェイ・ベイトラーとの電話

でも、ついに事態は動き始めた。ステープルズという、オフィスの備品を売る小売会社が、法人向けサービスを拡大する手段として、コーポレート・エキスプレスを買収したばかりだった。

ブレットの父親の知り合いに、この買収に関わっていたステープルズの人間がいた。ジェイ・ベイトラーだ。

ジェイは理想的な相談相手だった。彼にスポンサーになってくれるよう説得するチャンスは1回だけだけれど、心積もりはできていた。いうなれば7歳の頃から、ジェイに電話で交渉する準備を積んできたようなものだ。

ブレットの仕事上の倫理観は父親のガソリンスタンドで培われた。彼の父親は週6日働き、母親の強い忠告があったために、かろうじて日曜だけ休んでいた。ブレットは幼い頃から、父親と過ごすのに最良の方法は一緒に働くことだと察していた。

そのため、小学2年にしてガソリンスタンドのカウンターの後ろにある牛乳の木箱に乗って接客するようになり、何年もの間、トイレを掃除したり、給油したり、建物のそでを掃除したり、売店でステーキとチーズのサンドイッチを作ったりした。

幼い頃のカウンターでの接客でも、その後のカツコ社のナイフを売る仕事でも、ブレットは外向的な性格で得をした。大学に進学して小遣いがほしくなるとパーティーを開くようになり、忘れられない夜になるからと学生たちにアピールしてチケットを売りさばいた。

このスタイルは大学を卒業するとさらに進化する。ハイスクール時代にナイフを売って学んだことと、大学で学んだことを融合させたブレットは、土地開発の道に進み、不動産開発業者を説得して上司の担当区域にコンドミニアムを建てさせた。

つまりブレットはハイスクール時代から6年近く毎日のようにいろいろと物を売ることで力をつけ、ついにジェイ・ベイトラーとの電話にたどり着いたのだ。だからまったく緊張しなかった。「ステープルズは世界的なブランドです」とブレットは切り出して、「それにコーポレート・エキスプレスはすばらしい掘り出し物ですね。さすが、年間何十億ドルも収益を上げている会社は違います」と持ち上げた。

ブレットは、ビジネスの環境が変わってきていて、ミレニアル世代が世界最大手企業と肩を並べるような組織を育てていること、そしてこの新世代の最も影響力を持つリーダーの一部が、サミット・シリーズのメキシコのイベントに参加することを伝えた。

「このイベントはステープルズがこうした人たちと出会って関係性を発展させるチャンスですし、このつながりが収益を伸ばす、どこまでも貴重なチャネルになるかと」

ブレットにはジェイが自分の言うことを信じてくれたかどうかわからなかった。ジェイの口調からはこう考えているようだった。〝なるほど、こいつのパパは確かにすばらしい人だ。でもこいつは本当にこのイベントがうまくいくと思ってるんだろうか？　それともハッタリをかましてだますつもりだろうか？〟

ブレットが提示しようと考えたスポンサー料は意外と少額だった。〝ステープルズみたいなブランドなら1万5000から2万ドルだろうか〟とブレットは思った。〝それくらいなら、向こうだって15件から20件くらいのお得意先が得られるから安いものだろう〟

「こうした若い人たちと会うのはとても大きなチャンスですよ」とブレットが念を押すと、「わかった、乗ろう」とジェイは言った。「ただしうちが出せるのは3万ドルだ」

〝3万？〟とブレットは息をのんだ。〝今そう聞こえたよな〟

「ジェイ、3万ドルの小切手を切ってくれたら、このイベントに御社の名前を付けましょう」とブレットは言った。

こうしてメキシコのイベントはステープルズ・ヤング・リーダーズ・サミットと呼ばれるようになった。

フタを開けてみると、このスポンサーシップは経済がとりわけ落ち込んでいる時代に、ステープルズがこれから羽ばたこうとする企業とのつながりを獲得するのに役立った。

2008年10月、メキシコのイベントのわずか1カ月前、大不況によって住宅市場に激震が走り、株式市場は混乱に陥った。その前月の9月、158年にわたって金融界の柱であり全米4位の投資銀行だったリーマン・ブラザーズが経営破たんしたのがきっかけだ。3大大手自動車会社はデトロイトもろとも破たんする不安を抱き、全米各地でたちまち始まった大量解雇によって、800万人近くが職を失った。

エリオット、ライアン、ブレットの3人は、不況を理由に2回目のサミット・シリーズのイベントを中止することもできただろう。

けれども、やがてわかるように、こうした時期だからこそコミュニティが必要なんだ。

6
2人の教師

数カ月後、エリオットはライアン、ブレットと一緒にプラヤ・デル・カルメンのホテルの敷地を歩きながら、スイミングプールや草ぶきの小屋、真っ白な浜辺に面した風変わりな脱衣小屋に目を奪われた。アクティビティ・センターを探索したエリオットは、サンゴ礁やアカエイやライトを付けての夜のシュノーケリングについての情報を得た。

〝これ見ろよ。全部俺たちの貸し切りだぜ！〟

ところがいざ参加者がホテルに到着したとき、みんなの反応は違っていた。

「エリオット、何かの間違いだろう。チェックインしたら僕の部屋に別の人の荷物があるんだけど」

「ああ、大丈夫です。間違いじゃありません。僕たちはあなたと同じ部屋に泊まる人が誰かわかっています。これまでで最高の出会いになりますよ」

「でも僕は自分だけの部屋がほしい」

「信じてください。相部屋のお相手はすばらしい人です。サマーキャンプとはそういうものだし、このイベントも同じです」

この戦略に文句が出る間もなかった。参加者が屋内でも屋外でも食事できるレストランの草ぶき屋根の下にやってくると、彼らを出迎えたのは最初に講演を行う人物、スコット・ハリソンだ。スコットが自分の人生を振り返り始めると、部屋は静まり返った。

スコットが見たアフリカ

スコットはとても保守的な家で育ったが、ナイトクラブの宣伝担当であるプロモーターになって贅沢を味わいつくした。氷に浸したウオッカのボトル。モデルのガールフレンド。ピカピカの時計にしょっちゅう目をやって、みんなが気付くようにしてひけらかした。

でも10年が経つと人生に虚しさを感じるようになり、スコットはマーシー・シップスというアフリカで活動する慈善団体に参加することに決めた。病院の設備を整えた大型船で医師や看護師を派遣し、十分な医療を受けられない人たちの治療を行う団体だ。

スコットは凄惨な内戦後のリベリアに派遣され、待ち望まれたボランティアの医師たちと各地を回った。リベリアでは5万人の住民に対して医師が1人しかいない。ボランティア団体には1500人の手術のための時間と物資しかなかったのだが、7000人のリベリア人が手術を求めてやってきた。

その中には、喉にマスクメロン大の腫瘍ができていて満足に呼吸できない人たちもいた。村人に腫瘍を見られようものなら呪われているとして石をぶつけられるため、顔をタオルで覆っていた。たいていの場合、この腫瘍は45分あれば手術で摘出できるのだけど、患者の多くは治療を受けるまで数カ月待たないといけない。

腫瘍ができる原因をスコットが聞いたところ、医師は水だと言った。多くの人はヒルがはびこる沼の泥水を飲むため、喉の奥にヒルがへばりついてしまう。ヒルを除去する治療法の1つは、ヒルを殺しても人間は死なないくらいの濃さのディーゼル燃料を飲むことだ。

スコットは、世界の病気の80パーセントは汚れた水が原因だと知った。アフリカの一部の地域では、女性が約14リットル（約14キログラム）の水が入った壺を頭に載せて、1日8時間も歩かなければならない。それも料理や洗濯に使える安全な水を手に入れるためだけに。

65ドルあれば、汚れた水をろ過するサンドフィルターで飲み水が作れることをスコットは知った。5000ドルあったら、新鮮な水が湧く井戸を掘ることができる。

スコットはアメリカに戻ると、得意のパーティープロモーション戦術を使って700人をクラブに招待し、1万5000ドルを集めた。これだけあればウガンダ北部に井戸を3つ掘ることができる。それから招待客に、自分の32回目の誕生日のプレゼントはいらないと伝え、代わりに自分が新たに結成した慈善団体のチャリティー・ウォーターに1人32ドルの寄付を募ったところ、大きな反響があった。

スコットは水を必要としている場所にきれいな水をもたらしただけでなく、膨大なツイッターのフォロワー数を生かして多くの人にメッセージを届け、短期間で大きなインパクトを与えることに成功した。

スコットの話を聞いて、大成功を収めた会場の起業家たちは刺激を受け、成功の定義を考え直すようになった。成功とは金を稼ぐことだろうか。世間で知られることだろうか。スコットの話を聞いた誰もが自分の内面を見つめ直し、どう生きたいかを考えさせられたのだった。

もう一人の教師、ティム

翌日、草ぶき屋根の下でもう一人が講演をして、またしても人生と仕事についての思い込みを振り払ってくれた。ティム・フェリスだ。

この頃、参加者の大半はティム・フェリスが書いてベストセラーになった『「週4時間」だけ働く。』の概要を耳にしていた。ドルの価値が大きく高まる場所で、リモートワークにより自分の時間と仕事を自由に組み立てることができれば、自然と自分の金は価値が増す。そうやって余剰利益を出すことはすばらしいけれども、その本当の価値は自分の望みどおりの生き方に使うことにこそある。

ティムの話を直接聞いて、エリオットは実家とワシントンDCのオフィスから離れようと思った。その瞬間から彼は世界中を旅したくなった。世界を探求し、サミット・シリーズを遠い地域にまで広げたくなった。ブレットにも同じ反応が見て取れた。

自分が何をしているかもよくわからないまま、エリオットは大学で探し求めていたものをメキシコの地で作った。ウィスコンシン州の大学に初めて来たとき、彼は仲間と一緒に歩いて朝の授業に向かうのが好きで、同じ方向に進む数千人もの学生の熱気に浸っていた。大学のアメフトの試合の前にマーチングバンドがスタジアムに入っていくときの高揚感のようなものだ。

でもある日授業に向かう際、エリオットは自分がみんなとまったく同じ方向に向かっていることにふと違和感を覚えた。みんなが同じ授業に出て同じ職を目指して競争する。そして他校の数千人の学生も同じことをしている。そのときエリオットは、みんなとは反対の方向に進みたいという本心に気づいた。

メキシコでエリオットを囲んだコミュニティの人たちは、同じ価値観でまとまりながらも進む方向は違っていた。スコットとティムこそがエリオットが探し求めていた教師で、2人の話こそが彼が受けたいと思っていた授業だった。

まかれた種子

3日目のイベントの最終日は、近隣の村でシュー・ドロップと呼ばれるトムスの靴販売イベントを行った。トムスは、ボロボロに裂けた靴を履いている子どもが数百人いる学区と提携していた。参加者のグループが売店を作り、牛乳箱に座って子どもたちの足のサイズを測る。それからぴったりのサイズの新しい靴を履かせる。

新しい靴を受け取る子どもたちの顔を見て、エリオットはワシントンDCの窓のないオフィスに戻るのも、デジタルメディアに広告枠を売る仕事もやめようと、このとき、この場で思ったのだった。

みんながホテルに戻ったとき、エリオットの中に種子がまかれた。参加者たちは体験したばかりの刺激的な午後を振り返り、会話が途切れることなく盛り上がっていた。

シュー・ドロップは、ビジネスには収益以上に大事なものがあることをエリオットに教えてくれた。会社で利益を出すことと、それを社会に還元することは両立するのだと学んだ。周囲の会話からも同じ気づきの声が耳に入り、こう考えるようになった。サミット・シリーズがいつの日か架け橋となって、世界の貧困を救うきっかけを起業家たちに与えることができるだろうか、と。

このことをじっくり考える間もなかった。なにせ参加者たちのエネルギッシュな会話は日が沈んで星が輝いても続いた。参加者たちは夜遅くまで自分の試練と苦難の話をして助言し合い、笑い合って、プールデッキのあちこちで絆が生まれていった。

エリオットが大声で「夜のシュノーケルに行きませんか」とみんなを誘うと、やっと会話が止まった。彼がマスクとフィンを付けて近くの浜辺で待っていると、すぐに参加者たちが全力で走って海に飛び込んだ。明るい満月の下でみんなが海に浮かんでいるときに、初めて静かな夜の時間が訪れたのだった。

変化のとき

翌朝イベント終了となり、みんながホテルをチェックアウトするときの別れの挨拶は、サミット・シリーズをさらに発展させてくれという励ましの言葉のオンパレードだった。

「何が出るのか予想もつかなかったけど、すばらしい時間を過ごして、すばらしい人たちに会うことができたよ」

「次のイベントをいつやるか教えてくれ。友人たちを連れて行きたい」

サミット・シリーズに思い切って身を投じるためにエリオットが求めていたのは、何よりこうした励ましだった。帰宅すると、父親の会社、ビズノー・オン・ビジネスも変化のときを迎えていた。新たな従業員を雇い、より専門的な響きのある社名に変わった。その名もビズノー・メディア。エリオットは自分も進化するときだと思った。

エリオットは、自分がこれから戻る世界はこれまでと同じじゃないと思った。ブレットもまた、不動産危機の時代に不動産を売る仕事には戻れないと思った。そしてサミット・シリーズとビズノー・メディアの船出とともに、ライアンも仕事を辞める心づもりができていた。

世界金融危機の最中に仕事を辞めるなど、大半の人から見ると頭がおかしいと思えるだろう。ゼネラルモーターズは破産寸前で、国中で大規模な解雇が断行されていた。経済は日増しに悪化し、どんな仕事でも全然ないよりはましという状況だ。

それでもティム・フェリスは、アップル、フェデックス、マイクロソフトが生まれたのは経済不況の時代だったことを早くから指摘している。景気の停滞によってインフラが割り引きされ、突然才能あるフリーランサーがわっと登場し、安値がはびこった時代だ。ぐずぐずしている時間はない。

「いつかやろうなんてセリフは」ティムは決まってこう言う。「夢を抱いたままあなたを死に至らしめる病気だ」

今こそ**もっとでかく**考えるときだ。

エリオット、ライアン、ブレットは倍の賭け金を投じる覚悟で、メキシコの倍の規模で次のイベントを行うことにした。

でもすべてを賭ける前に、さらなる助けが必要だった。

7

会社を作る

信用というものは、行動を通じて時間をかけて築かれ、液状のコンクリートが固まるように強固なものとなっていく。でも、付き合っていくうちに正直で適切なアドバイスをくれる人だとわかったとしても、その人が会社にとってふさわしいパートナーなのかどうかはわからない。いったいどうやったら見極められるんだろう。

メキシコのイベントの後、エリオットは目的に向かって前向きに進んでいく人たちを集めた会社を作ろうと懸命だった。生まれて初めて社員を集めるエリオットは、ふさわしい人を見極めるために、大企業ではありえないような戦略を思いついた。この方法のヒントをくれたのは、パークシティでインチキのメモをでっち上げて自分をからかったカレッジユーモアの2人だ。

ヒントとなったのは、90年代の楽曲を基に制作したMTVのビデオクリップで、リッキーとジョシュの会社の若い社員約50人が撮影に参加した。彼らのチームが、ロックバンドのハーヴィ・デンジャーの「フラグポール・シッタ」に合わせて仕事場の机から飛び跳ねて、口パクで踊る。

"具合悪くないけど絶好調でもない／なのにすごく熱いのは／地獄にいるからさ"

最後はみんなが床に倒れてしまう。とてもエネルギッシュで、ドラマチックなポップパンクのパロディーだ。何よりもカレッジユーモアの社員が、仕事するならこの会社しかないと思っているような印象を与えてくれる。

「俺の求めているのは**これだ**」とエリオットはビデオを見るなり思った。エリオットはこのビデオを人に見せて、その人の仕事への思いを知るツールとして使った。彼が目指すのは、仕事そのものと同じくらい仕事のカルチャーを重視する会社だ。エリオットと同じくらいビデオを気に入った人なら仲間になれるはずだ。

ブレットのリトマス試験紙

メキシコのイベントで期待以上のスポンサー収入を獲得したブレットも、ビデオを気に入った

1人だ。ブレットはサミット・シリーズでの活動を、彼にとってずっとそばで一緒に仕事がしたいと思える友人を見つけてリクルートするチャンスだととらえていた。

そんなブレットから、会社の大きな力になりそうな2人を知っていると聞いて、エリオットはすぐに会いたくなった。彼がブレットをそれとなく信頼していたのは、ブレットが忖度せず率直に意見を言うし、秘めた思惑も抱いていなかったからだ。しかも、ブレットはシンプルな指針を通じて人の心を読む術を身に付けていた。それはこうだ。

寛容な心で率先して行動する。
寛容な心から信頼が生まれる。
信頼によって生産性が育まれる。

ブレットのリトマス試験紙は、自分が与えた寛容な心と同じレベルで相手も応えてくれるかどうかを見極めるためのものだ。もしそういう人だったら信頼できるとブレットは思った。

この指針によってブレットは自分にふさわしい人たちを引き寄せ、一方で大学時代のパーティー三昧の経験から、胡散臭い人間はすぐにぴんときて距離を置いた。だからブレットが推薦したからには、最高の折り紙付きの人物ということになる。

彼がまずエリオットに薦めたのはジェフ・ローゼンタールだ。ブレットは、彼が信頼できる人間だと会った瞬間にわかったそうだ。

ジェフ・ローゼンタール

ブレットは当時ジョージ・ワシントン大学に在籍し、ジェフはアメリカン大学から4マイル（約6キロメートル）圏内のところに住んでいた。ブレットによると、大学生が優先することは2つある。1つは成績で、もう1つは人付き合いだ。新米の起業家として芽を出していたブレットとジェフは、ともに後者から金を稼ぐすべを見出していた。

出会った2人はブレットのイベントの1つに力を合わせて取り組み、DCエリアのクラブでカバーチャージ（飲食代以外のアトラクションに対して支払う料金）10ドルのパーティーを開く。ブレットはジェフが他人への純粋な思いやりを持ち、そのおかげで彼の周囲に人が集まることに気づいた。ジェフもまたブレットに同じものを感じた。

2人はクラブの定員ギリギリまで人を集めて大金を手にするなどして、忘れられない夜を過ごした。ブレットはジェフの仕事ぶりに感心し、今後も彼ともう一度パートナーを組みたいと思って、約束の歩合をはるかに超える額を渡すのだった。

そしてブレットはその通りにジェフをパートナーにした。大学時代、ジェフはブレットが主宰する木曜夜のパーティーにアメリカン大学の学生を招き入れ、ブレットはジェフが主宰する火曜夜のパーティーにジョージ・ワシントン大学の学生を招くのだった。

2人の友情は平日夜のパーティーにとどまらなかった。2人は週末も会うようになり、家族ぐるみの付き合いとなる。

2人は人生に同じものを求めていたが、違うところも多かった。

ブレットはエンターテイナー気質でエネルギッシュ、にぎやかでウィットに富んだ話し方ができ、ユーモラスだ。ジェフはアーティスト気質で、気取ったところがなく、自分の考えをはっきり言うタイプ。デザイナージュエリーの仕事をかじったこともある。

一方で共通点も多く、その1つとして、2人ともエリオットに初めて会ったときは微妙な印象を抱いていた。ジェフのほうが態度がはっきりしていた。

「あいつかい?」

ジェフは初めてエリオットと会った後に、ブレットに怪訝そうに聞いた。

「あいつだよ」とブレットは答えた。

それでもブレットはエリオットの人となりを保証した。成功に必要な資質があるかどうかは、見ただけではわからないことを知っていたからだ。では実際のところ、彼はどういう人間なんだろうか。

エリオットはやると言ったことはやり遂げるし、ブレットがこれまで会った誰よりも懸命に仕事に取り組んでいる。

エリオットと会ったばかりの頃、ブレットが朝8時に到着すると、エリオットはすでに打ち合わせを終えようとしていた。

「すごいな」とブレット。「俺は今日打ち合わせする**2人目**ってことか」

「実はね」とエリオット。「君は**3人目**だよ。6時半にコーヒーを飲みながら始めてたんだ」

ブレットはメキシコで見せつけられたものをこのときすでに垣間見ていた。あのイベントでエリオットは大人数を集めた。ブレットもこれぞという学生パーティーを開いて名を馳せたが、エリオットはそれとはまったく違うやり方でイベントを成功させたのだ。彼はエリオットを信頼した。

ジェフはブレットを信頼していたものの、だからといっていきなりエリオットまで信頼するのは難しかった。でもエリオットにとっては幸いなことに、ジェフはこのチームに加わることのメリットを自覚していた。加われれば、自分の持つ特異な力を生かすことができる。

ジェフは目で暗記する代わりに耳で暗記する。すなわち、彼は言われたことを耳で詳細に記憶することができた。ただしちゃんと集中して聞いていれば、の話だ。彼はこの才能をADHDという障害とセットで持ち合わせている。

教室に座って興味のない科目を教わっているときは、**まったく**頭に入らなかった。でも興味があれば、教授の言ったことを数カ月経っても一言一句復唱することができた。頭はよかったのに、興味の持てない科目は苦労した。飛び級をした一方でCの評価ももらうなど、極端だった。

普通のやり方では勉強できないので、ジェフはもっぱら友人やメンター（上司ではなく、先輩として助言しながら指導する人）との交流からの情報収集に頼っていた。自分がのめり込んだ会話なら、数年後もほぼ一言一句再現できる。だから、ジェフは自分に刺激を与えてくれる人たちに囲まれていなくちゃならないと察していた。そしてブレットによると、サミット・シリーズのコミュニティにはそういう人が大勢いる。

ブレットはジェフにメキシコのイベントのこと、すごい人たちと3日間一緒に過ごしたことを話して聞かせた。「こういう人たちに会って学ぶ機会を君も持てるんだよ」と言って勧誘した。

「ということはさ」とジェフはブレットに聞いた。「これは俺が会いたい人に連絡できるマスターキーってこと？」

「そうとも」とブレット。

ジェフにとって、自分の今の仕事やスタートアップのプロジェクトよりずっと面白そうだ。今は仕事をしていても疎外感を感じるし、不完全燃焼のままエネルギーを持て余している。

ジェレミー・シュワルツ

それからブレットが声をかけたもう1人は、ジェレミー・シュワルツだ。

ジェレミーはブレットのハイスクール時代からの親友だった。彼は自由気ままながらおとなしく控えめな性格で、ジェフと同じくらいブレットと親密だった。ジェレミーもまたブレットが知る、自分なりのやり方で最も成功した若い起業家の1人だ。

バンドをビジネスとは思わない人もいるだろうが、ジェレミーはバンド仲間のスペンサー・チャーナスとともに、アイス・ナイン・キルズを熱烈に愛される商品へと変えた。曲を書いて音楽出版社を経営するだけでなく、全米に熱心なファン層を生み、同世代が共感する一貫したブランドを作り出し、バンドで食べていけるようにするすべを編み出した。ジェレミーが国内ツアー中に学んで得た教訓を、サミット・シリーズに応用したらどうだろうか。

ブレットが連絡したとき、ジェレミーのバンドはツアー中だった。彼がジェレミーにサミット・シリーズが次回はここまで拡大するという青写真を伝え、メキシコのイベントの記事を見せると、これがジェレミーの興味を引いた。音楽業界ではみんながトップを目指して這い上がろうとするが、サミット・シリーズではみんながつながり、何事も分かち合い、手を取り合う。

2人は昔から冗談で、ジェレミーがブレットの将来の会社に加わるか、ブレットがジェレミーのバンドで歌うことになるだろうと話していた。そこで普通の面接の代わりに、まずはブレットが、ジェレミーが満員のステージで演奏するフロリダ州のタラハシーまで飛び、2人のどちらが勝つかやってみることにした。

数カ月前から歌を練習していたブレットを、アイス・ナイン・キルズのライブの最中にジェレミーがステージに引っ張り出した。ブレットがマイクをつかんでエネルギッシュなパフォーマンスを始めると、観客は彼のシャウトに合わせて歌った。

恥をかくことなく無難にはこなせたが、ブレットがバンドの顔として立たないほうがいいことは2人の目には明らかだった。ジェレミーがサミット・シリーズに加わるほうがより妥当な選択だった。

サミット・シリーズのことをもっと知りたくなったジェレミーは、ツアー後の休みにスペンサーとレコーディングしていたボストンのスタジオからワシントンDCまで車を走らせ、ブレットのところに泊まった。サミット・シリーズに参加してみたくなったのだ。

ワシントンDCに着いたとき、ジェレミーの髪は肩まで伸びて、左のまぶたにはピアスをつけていた。ブレットはジェレミーを見て、「そんな恰好じゃ打ち合わせには参加できない」とずばり釘を刺した。「俺はイケてると思うけど、投資する人はそこまで大らかじゃないからそうは思ってくれないだろう」と。ジェレミーが参加したければ、髪を切ってピアスを外すしかない。

ジェレミーは胃がねじれる気がした。まさかこうなるとは思っていなかった。**「これまでの生き方は終わりだ」**と言われたような気がして、自分の中のもう一人がノーと言いそうだった。スーツを着てネクタイをつけるのは、これまでのパンク・ロックのキャリアで培った価値観とは相反するものだ。でも一方で、ジェレミーは単調なツアーにうんざりしていて、何か新しいことをするチャンスをうかがっていた。

2人は一緒に理容室に行った。通過儀礼の始まりだ。ジェレミーは映画『初体験／リッジモント・ハイ』のジェフ・スピコリのような髪型で理容室のイスに座った。そして立ち上がったとき、髪はまだ耳を覆っていたけれど、サミット・シリーズに加わりたいという意思表示には十分だった。

ジェレミーの2つ目のテストは、エリオットの打ち合わせに参加することだ。まずは、次のイベントをあわよくば宣伝してもらうための、著名な雑誌編集者との打ち合わせが入っている。ジェレミーとエリオットはこれが初対面となるが、昔からの付き合いであることを編集者に印象付けなければと、ジェレミーはとっさに察した。

「エリオット、お待たせ」と言ってジェレミーは部屋に入り、そっと彼の肩を叩いて言った。

「昨日の晩飯はどうだった?」

「ああ、チキンを焼いたやつがマジでうまかった」とエリオットは返して、芝居に付き合った。

2人の策略はうまくいった。そして打ち合わせも。エリオットはジェレミーの機転に感心してすぐに部屋を出た。

「ただ」と彼は言った。「髪を切ってくれないと」

「切ったばっかだよ!」

チームの完成だ。みんなが新たなスタートに胸を躍らせた。ただしライアンは別だ。

ビズノー・メディアを譲る

ライアンはノースウェスタン大学を卒業しドイツ銀行に勤めてから、大手の未公開株式投資会社に就職した。起業家になって、サミット・シリーズに加わりたいという思いはあったものの、自宅もオフィスも1カ所に定めて会社運営をしたいとも考えていた。

そこで2つの仕事を掛け持ちするようになった。サミット・シリーズの運営とビズノー・メディアのCEOだ。ビズノー・メディアはワシントンDCからニューヨーク、ほどなくしてシカゴ、最終的にはそのほかの28都市にも事業が拡大していた。

ライアンが掛け持ちしてくれたことが、結果的にみんなにとって都合がよかった。エリオットはビズノー・メディアでの地位をライアンに譲ったことでビズノー・メディアから解放されて、ブレット、ジェフ、ジェレミーと一緒にサミット・シリーズを拡大する仕事に入っていける。

ただ1つ疑問が残った。僕たちはこれからどこへ向かえばいいのだろうか。

2009年初頭の冬の最中、ワシントンDCは厳しい寒さに見舞われていた。僕たちは世界中を回って照り付ける太陽の日差しを浴びたいと夢見ていたが、当時は夕食代を払うのが精いっぱいで、まして外国への飛行機代など不可能だ。

すると、これまた運が巡ってきて、ブレットがすばらしい代替案を見つけてきた。

「最高の知らせがある。俺たちの人生が変わるぜ」とブレット。彼の祖母が4人にフロリダ州のボカラトンにある分譲マンションを提供してくれるそうだ。9ホールのゴルフコース上にある、寝室が2部屋のマンション。本当は年齢制限のあるコミュニティなんだけど、おばあちゃんのゲストということにすれば何もかも丸く収まる。

「つまり俺たち4人はこの寒い場所から抜け出して、日差しの照り付けるフロリダに住んで、これから4カ月間やりたいことができるってわけさ」

そのコミュニティでは、僕たちは周囲と50歳も年齢差があるが、そんなことは気にならない。プール付きの住まいで、物を処分して質素に暮らし、新たなビジネスに没頭するチャンスだ。僕たち4人はバンザイして、ティム・フェリスを真似て各自の持ち物を処分し、スーツケース1個分にまとめることにした。家具は慈善団体のグッドウィルに寄付すればいい。

ブレットがボロボロの机を空手チョップでたたき割ると、彼のワシントンDCのアパートに残った家具は数点だけとなった。このチョップはこれまでの生活と袂を分かつものだった。机ともオフィスとも、この街ともさよならだ。

僕たち4人は20代前半の若者で、たいしたビジネス経験も貯金もなかったものの、不安もなかった。不況のせいで安定した普通の仕事に就くことは難しくなったけれど（たとえ就職したところで日々の仕事に満足することはなかっただろうが）、ガレキの中から新たなコミュニティを作るチャンスが得られた。

こういう怖いもの知らずの行動は、多くの起業家が事業を始めるときの無鉄砲ぶりに似ている。分別のある選択肢を否定して、代わりに最も大胆なものを選ぶ。

そしてよくあることだが、大きな飛躍が大きな失敗につながるパターンが待っていた。

8 うぬぼれと挫折

僕たちは制度を悪用しているような気分だった。持つべき仕事も持たずに、プールサイドでフロリダの亜熱帯の空気を浴びながら会社を立ち上げようとしている。今いるのは高齢者マンションのプール。部屋に戻れば4人で2つしかないベッドを共有しなくちゃいけないけれど、僕たちだけの家があって空は快晴、そして未来の計画を立てながら思い切り飛び込めるプールもある。

僕たちが移ってきたコミュニティは、映画の『カラー・オブ・ハート』のワンシーンから抜け出たようだ。完ぺきに整えられた芝生に囲まれ、庭の前には小人の像が並び、屋根付きの玄関にはキルト布が敷かれている。プールはひっそり静まり返り、80歳代の人たちがボードゲームのバックギャモンに興じている。そんなのどかな風景の中で、静寂が破られるのは僕たちが電話をかけ始めたときだ。

アスペンのセントレジス

僕たちは、次のサミット・シリーズではこれまで実現できなかったレベルまでイベントの洗練度を高めたいと思い、経験値を上げるためにハードルを高く設定した。

今回、週末のスキーイベントの開催地に選んだのは、コロラド州のアスペンにある荘厳なセントレジス・ホテルだ。この豪華なホテルは世界にまたがるホテル・チェーンの1つで、1904年にニューヨークで当時世界一の大富豪の一人だったジョン・ジェイコブ・アスター4世が創設した。

アスペンのセントレジスでは、バスルームはすべて大理石だ。シーツやテーブルクロスのリネンはスレッド・カウント（1インチ四方の生地に織り込まれた糸の本数）が400。シャンパンのボトルを開けるのにサーベルを使い、執事のサービスもある。

もうサマーキャンプみたいにはしない。サマーキャンプのノリはこれまでの2つのイベントでは効果的だったけれど、僕たちはそこからステップアップすべきだと感じていた。

実を言うと、僕たちにはアスペンに**行って**じっくり視察する金すらなかった。だからまだ見ぬ景色に思いを馳せて、プールサイドの脱衣小屋から、ホテルの宴会場と街のレストランをいくつか予約した。こういったことを、前回の参加者と相談せずに決めていった。彼らも僕たちと同じように胸を躍らせてくれるものと勝手に思い込んでいたんだ。

問題は、世界経済が急激に落ち込んでいる最中ということもあって、無料のイベントを提供し続けるすべがまったくないことだ。

これまでの2つのイベントで招待してきた人たちの名前を出して、『GQ』誌に少し出資してもらい、アスペンのイベントを共同で開催することにはなったものの、なにせ不況の最中だけに、出資しようというスポンサーはほとんどいなかった。僕たちには何十万ドルもの借金があるから、今回はもうクレジットカードでこの規模のロスを埋めることはできない。

どんなビジネスでも、創業者が収益化を決断すべき重要な時期がある。多くの企業はすぐに収益モデルを打ち立てて、初日から製品に対して課金する。この戦略の欠点は、こちらが提供する製品を試してもらう前に、顧客にそっぽを向かれてしまうリスクを伴うことだ。

もう1つの効果的な戦略は「購入前にお試しあれ」というコンセプトに基づいていて、多くのデジタル製品では、この「フリーミアム」モデルがうまくいく。コストコも無料の試食用ピザを冷凍食品売り場の前に並べている。

サミット・シリーズもこの戦略をとる。僕たちはみんなにこれから提供しようとするものを味見させて、向こうもそれを気に入ってくれた。だから今なら参加料を請求できるし、チケットの売り上げによる収益モデルを確立できると思った。

見落としていた点

参加者の大半は３０００ドルのチケット代くらい払えるだろう。なにせアメリカで最も成功した若きリーダーたちなのだから。彼らはこれまでのイベントに大きな価値を見出し、有言実行する僕たちのことを信頼してくれた。だから僕たちは、イベントで得られる人脈にはチケット代に見合うだけの価値がある。彼らならそう思ってくれるものと考えていた。

ところが僕たちには見落としていた点があった。それは、無料で受け取った製品にはケチをつけにくいということだ。

エリオットがユタ州の最初のイベント終了時に受け取った反応は、ハグとハイタッチだけだった。ブレットはメキシコでは賞賛の声しか耳にしなかった。そしてジェフとジェレミーも、自分たちが耳にしたこと、つまり参加者ほぼ全員が感動してくれたということしか知らなかった。

みんなが僕たちのしたことを気に入ってくれている。僕たちはそう思い込んで、これまでの参加者から、金を払ってでも参加したいかどうか、アドバイスなりフィードバックの形で確認しようなどとはまったく考えなかった。誰にも相談せずに突き進もうとしていた。

エリオットは、数日でチケットが完売するだろうと、自信たっぷりにメールを下書きした。プールサイドに座って、シャツも着ないでノートパソコンのキーボードを叩く。「よし、いいかい、今からメールを送れば、こっちの銀行口座にたちまち何十万ドルと入ってくるぜ」

エリオットは最後にもう一度メールを見てにやりとほほ笑んだ。

私たちはアメリカで最も影響力のある35歳未満の方125名を招待します。
参加者は著名人であるため、これから予約していただく方、またはしていただいた方の名前は公表しません。

エリオットはワシントンで開かれたパーティーへの招待状を気に入っていて、映画の『ファイト・クラブ』を真似て3つのルールが記されていたその招待状の書き方を今回参考にした。参加者の費用負担であることを隠すのに完ぺきなテンプレートだ。

アスペン09には3つのルールがあります。
1．アスペン09のことは他言なさらぬよう。
2．無料チケットはございません。
3．アスペン09のことは他言なさらぬよう。

「アスペンでお会いしましょう！」という最後の文句と一緒に、参加者が3000ドルでチケットを購入するウェブサイトへのリンクが添えられている。

エリオットは顔を上げた。「いいかい、みんな。大胆な未来に乾杯だ！」

それから送信ボタンを押してメールを送った。

大きな勘違い

エリオットの興奮はほかの3人にも伝わった。僕たち4人は自己満足に浸り、午後はゴルフコースを回ってお祝いすることにした。ところが、プールから上がって荷物をまとめてもいないうちに、最初の電話が来た。てっきり喜び勇んだ参加者がクレジットカードの詳細を教えてくれるのだろうと思った。

だけどそれは大きな勘違いだった。電話の相手は僕たちのひどいメールに腹を立てて、返信するよりも直接電話したほうがいいと思ったんだ。

「不愉快なメールだな。君たちは金儲けのために僕たちの名前を利用したんだ」

きっとたった1人の例外だろうと僕たちはのんきに構えた。喜んでいるお客の中にも1人くらい不満に思う人はいるものだ。ところが、それからメールがひっきりなしに入ってきた。

「君たちはビジネスの仕方を本当に考えたほうがいい」

「悪いが、結構だ。**絶対**行かない」

こうしたメールを送ってきたのは、僕たちがひどいへまをしたことを教えてやらねばと感じる人たちだけだった。多くはわざわざメールする気にもならなかったようだ。

きっとみんなは僕たちの独りよがりが気に入らなかったんだろう。僕たちの『ファイト・クラブ』気取りが気に入らなかったんだろう。上から目線で無神経に思えたんだろう。すぐにわかったのは、説明もなしにいきなり大きく方向転換したことが嫌がられたってことだ。これまでの2回のサミット・シリーズのイベントは無料だったのに、今回はみんなに参加料として3000ドルをいきなり請求してしまった。

コミュニティの一部はメールを冷静に解釈した。つまり、初心者にありがちな失敗だと。だけど僕たちの最も重大な過ちは、せっかく僕たちを気に入ってくれた人たちに対して、マルチ商法でだまされたように感じさせてしまったことだ。せっかくみんなが親友の連絡先まで教えてくれたっていうのに。

罪悪感と不安の波に僕たちは飲み込まれ、事態を鎮めようとフォローのメールを慌てて送り、参加料を取らなければサミット・シリーズのイベントをもはや続けられない旨を説明した。でも遅すぎた。

事態は悪くなる一方だった。メールを受け取った1人が、ゴシップを扱うウェブサイトのゴーカーに僕たちのメールを漏らした。ゴーカーはウェブサイトのトップページに、「スタートアップ起業家が集まるスキー狂パーティーに参加費3000ドル」という見出しで僕たちのメールを貼り付けた。

僕たちの心の痛みは、不信からパニック、怒り、打ちのめされたような気持ち、そして最後は受け入れるしかないという思いへと変わっていった。

僕たちは前に進もうと決めたものの、何日も経って売れたチケットはやっと10枚。これだけでも奇跡的で、セントレジスとの契約をキャンセルする時間もなくなってきた。コミュニティの信用を失うかもしれないという不安は資金面の不安へと変わった。

大損か子犬か

ライアンがワシントンDCから電話をかけてきた。努めて冷静を装っていたが、不機嫌だった。「いいか」と彼は言った。「俺たちはこのままだと大損だ。セントレジスにキャンセル料を払ってでも犠牲を減らしたほうがいい」

ライアンはさらに踏み込んで、このビジネスモデルが成立しない可能性を考えてみたほうがいいと言う。無料のパーティーを開くのと、3000ドルのチケットを売ってイベントを開催するのとではわけが違う。僕たち全員がビズノー・メディアに戻るのが賢明なんじゃないかと言った。「ニューヨーク州のウェストチェスター郡に俺の姉妹がいる。黒のラブラドールを飼うことになってて、ほかにも子犬がいる」とライアン。「キャンセル料を払えば、何匹か飼えるだけの金は残るよ」

フロリダにいる僕たちは誰一人納得しなかった。もちろんライアンの考えにも一理ある。僕たちのコミュニティ（この時点でそう呼んでよければだけど）は怒り心頭だ。裏切られた、だまされたと感じている。この状況じゃあうまくいきそうにない。

エリオットは自分が送ったメールに罪悪感を抱き、全部終わらせてしまおうかと考えた。創業者が自分だけだったらそれでもいいかもしれない。でも彼には仲間がいる。

ブレットはジェフとジェレミーに目をやった。ブレットが2人を誘った。ジェレミーに、ミュージシャンとしての夢を捨ててチームに参加するよう誘ったのはブレットだ。ジェフはどうすればいいのだろうか。メイシーズに戻るしかないのだろうか。それにブレット自身もこの不景気の中、どこの不動産会社に戻ればいいのだろうか。

ブレットは考えれば考えるほど、むしろ意志を固くした。〝俺が望んでやってきたことだ。自分の力で成功させたい。会社勤めの毎日なんてごめんだ。一緒に仕事がしたい人に会いたいからこそ、リスクを背負うんだ。みんなで一緒に頑張ってるんじゃないか。そのために戦ってるんじゃないか〟

「あれだけ大きな可能性を秘めた壮大なアイディアを断念して、子犬でも飼えだって？」とブレット。「ごめんだね」

ブレットは決して妄想に取りつかれているわけじゃない。参加者というメインの木が、成長が急だったために負荷がかかって枯れそうなのはわかっている。でも僕たちをまだ信じてくれている3、4本の若木を丁寧に育てれば、再び森にまで育てられると信じていた。

ブレットは実用的で実際にうまく行った戦略があるから、使ってみないかと提案した。カッコのナイフ販売で使った「家族と友人」へのアプローチだ。別にサミット・シリーズの参加者にナイフを売ろうというのではないけれど、この基本的な販売方法にブレットは確固たる自信を持っていた。

まず知り合いの人たちから始めて、紹介を通じて広げていく。このやり方はナイフを売ったり、ナイトクラブを宣伝していたりした時代に役立った。知人を通じて有機的に仲間を広げていけば、意味のある関係を構築できて、そこから**自分のための**ネットワークが築かれていく。

アスペンのイベントでチケットを買ってくれたのは10人。**その10人とも**喜んで買ってくれた。ブレットは、彼らに連絡して知人をたどり、そこから攻めていってはどうかと提案した。僕たちは2カ月足らずで100枚を超えるチケットを売らないといけない。しかも不況というまさにこのときに。そんな状況だけど、僕たち4人は新たなネットワークを広げていこうと動き出した。

僕たちはこの大きな穴から抜け出さないといけない。危険が待ち構えているものの、ほかに選択肢はなかった。できるって信じるしかない。

するとそのとき、運よく事態が思いがけない方向に動いた。ホワイトハウスが頭を抱えていたんだ。

9
訪れたチャンス

僕たちに運が向いてきた。きっかけは、エリオットが借金の一部を返そうと動いたことだ。最初の2つのイベントでライアンとこさえた借金を少しでも返済しないといけない。丁寧なメールを送るのは苦手なエリオットだが、ニュースレターの広告枠を売るコツは心得ている。

そこで2009年2月、オバマ大統領の就任からほどない頃、エリオットはワシントンDCに戻った。ビズノー・メディアで広告契約を取りつける商談のためだ。テニスの試合が商談を兼ねていて、エリオットがプレーをちょうど終えたときに電話が鳴った。

僕たち4人は、チャンスは近くの人、友人、メンターなど、どこからでも訪れると信じている。

この出会いや会話がどんなチャンスにつながるともわからないから、打ち合わせは断らず、電話が鳴ったらすぐに取る。

ヨシ・サーガントとの出会い

今回のチャンスは、エリオットの母親のマーゴットからの電話だった。彼女は、友人が開いたパーティーの会場から電話してきていた。政治に携わる仕事をしている男性を紹介され、エリオットが会いたがるかもしれないと思ったのだ。

「その人の名前は何ていうの?」とエリオットが聞いた。

「ヨシ・サーガントよ」

「ヨシ・サーガント?」

ヨシは、シェパード・フェアリーによる「Ｈｏｐｅ（希望）」ポスターの原動力となり名を馳せた人物だ。バラク・オバマの２００８年の大統領選挙を象徴するポスターで、オバマを勝利へと導いた。

〝これは大きなチャンスだ〟とエリオットは思った。自分が追いかけている広告の契約よりはるかに大きなチャンスに出くわした。彼は途中で失礼し、大急ぎで帰って服を着替え、ヨシがまだいてくれたらと期待しながら、ジョージタウンの公民館で開かれていたパーティーへと急いだ。

降ってわいたようなチャンス。このチャンスに飛びつかなければ、何も生まれない。エリオットは中に入って、ヨシがまだいるのを見て安堵した。

カジノ・フロアのノリで自己紹介したエリオットは、ヨシと30分近く話した。そして、オバマ大統領が市民参加室（オフィス・オブ・パブリック・エンゲージメント）と改名した部署の仕事を、ヨシがサポートするようになったことを知った。

ヨシに課せられた任務は、ホワイトハウスの新政権にとって重要なビジネス関連のイベントの第1弾を開催すること。影響力のある40歳未満のＣＥＯ約40人が集まって話し合うシンポジウムで、経済危機のこの時代に起業家やＩＴビジネスが直面する問題がテーマだ。

まさに絶好のタイミングだった。当時は激動の時代で、経済が日を追うごとに悪化しているというニュースが駆け巡っていた。

大手の自動車会社のトップたちが、会社所有の飛行機でワシントンＤＣの連邦議会まで飛んでいって政府に緊急援助を求めると、大きなバッシングが起こった。大企業とそのずさんな金の使い方に注目が集まり、多くの小規模事業主たちは取り残されたと感じた。こうした状況だからこそ、新政権は若い起業家との会合によってプラスのエネルギーが生じると考えた。

エリオットは、ヨシがサミット・シリーズと同じことをホワイトハウスでやろうとしているんだと気付いた。政権はアメリカの最も有望な若いビジネスリーダーとつながりたいと考えていた。彼らに今の経済状況を伝え、最終的な目的として、次世代に影響を及ぼしかねない問題について意見を聞く必要があった。

ところがヨシは問題を抱えていた。市民参加室にはこのシンポジウムを開催する予算も計画も、参加の確約を取りつけた人もいなかった。それにもう1つちょっとした問題が。イベントは1週間後に開催予定なのだ。

エリオットはチャンスとばかりに、これを引き受け、ヨシにこう言った。

「僕はまさに同じようなコミュニティを作ろうと取り組んでいるところです。メキシコで60社の創業者たちを集めたイベントを開いたばかりでして」

彼はサミット・シリーズの参加者の話を始めたが、その多くから現在怒りを買っていることは伏せておいた。

「うちが開催を引き受けるというのはどうでしょうか」と最後にエリオットは言った。

とてつもなく大きなリスクだ。ホワイトハウスにとっても、そして僕たち4人にとっても。ヨシには僕たちが成功するという確信が持てなかった。エリオットも、一分一秒を惜しんで乗っている船を軌道修正し、アスペンのチケットを売らなければいけない状況であることはわかっている。

加えて、僕たちはイベント請負の会社じゃないし、報酬の提示すら受けていない。さらには、ホワイトハウスが招きたいと考える40人とはつながりがない。ということは、スケジュールが数カ月先まで分刻みで詰まっている人たちにいきなり勧誘電話をかけないといけないということだ。

「私のほうに少し細かい仕事が残っていてね」とヨシ。「でも数日後に連絡するよ」

フロリダに帰る飛行機の中で、エリオットの頭の中をいろんな思いが駆け巡った。時にどこまで進んでも、堂々巡りする場合もある。時にぬかるみから出て、もっとでかく考えたほうが問題の解決につながる場合もある。思い切った飛躍が一歩一歩のほふく前進に勝るのは間違いない。そして、ホワイトハウスと、そこから開かれそうなすべての扉はフロリダの高齢者マンションのはるか遠くにあった。

ヨシからのミッション

フロリダの家に戻ったエリオットは、とても意気揚々としていた。

「ワシントンDCで何があったか君らに想像もつかないだろうな。ヨシ・サーガントという人に会った。ホワイトハウスで働いてるんだ。俺たちと一緒にイベントをやるかもしれない」

ほかの3人はエリオットを信じたかったが、少し怪訝そうだった。ホワイトハウスが？　マジかよ？

「マジだって」とエリオット。「ヨシから電話がくる」

それから数日、エリオットの電話が鳴るたびに、誰かが「ヨシから？」と叫んだ。

何度も何度も、エリオットが電話に飛びつくたびに3人はからかった。そして金曜日の夜、携帯電話が光り、エリオットが画面を見て言った。「来た！」

エリオットがヨシとの通話をスピーカー設定でみんなに聞こえるようにすると、ほかの3人は彼の周りにさっと集まった。

「わかった」とヨシは言った。「イベントは君たちに任せる。来週金曜の朝に決まった。2時間の予定だ。私たちが来てほしいと思う参加者のリストを送るよ。ああ、それと参加者の社会保障番号と生年月日を火曜日のHOPまでに頼む」

「HOPとは?」とエリオットが尋ねた。

「ヘッド・オン・ピロー(床に就くまで)だ。火曜の夜、寝るまでにその数字がほしい。それにメソッドの創業者たちを呼んでくれ。すごい仕事をしているからね。頑張ってくれ!」

電話が切れた。

僕たち4人は重い沈黙の中でお互いを見やった。4日間で国内トップの起業家40人を確保して、次の金曜日にワシントンDCに呼ばなくちゃいけない。

その瞬間、僕たちはチームだということを実感した。ばかげたリスクを厭わず引き受ける人間の集まりだ。「これはできるかな」とお互いが納得するのを待っていたら、今回のことをやり遂げる時間はなかっただろう。3人はエリオットがヨシに会った瞬間と同じく、直感的にこれはやるしかないと思った。

ジェフがまず沈黙を破った。「俺がツイッターのエヴァン・ウィリアムズに連絡を取るよ」

ジェレミーが割って入った。「公式のイベントに見えるようにブランド作りをやるよ。それにみんなの社会保障番号を安全に確保する方法を考えないと」

ブレットはすでにグーグルでメソッドの創業者の番号を調べている。「俺が電話するよ」と彼は言った。

ヨシが抱えていた問題は僕たちにとってむしろプラスだった。世界で最も忙しくて連絡が取りづらい人たちに、まさかというような勧誘をする理由があるのだから。僕たちには魔法のワードがある。オバマだ。

どうやって成功させたらいいのかわからなかったけれど、たちまち僕たちはブレットのおばあちゃんのマンションをコールセンターへと変えて、40人のリストに取り組み始めた。まずはホワイトハウスたっての要請である、エコを追求する洗剤会社のメソッド・クリーニング・プロダクツのアダム・ローリーとエリック・ライアンだ。

必殺の切り出し文句

ブレットはナイフを売っていた頃のコツを使って、携帯電話のブラックベリーを取って番号を押した。

「もしもし、私はブレット・リーヴと申しまして、サミット・シリーズの者です。来週金曜日にホワイトハウスでイベントを開催しますが、政権が特にアダムさんとエリックさんの参加を要請しています。経済政策について話し合うことになっており、若い起業家の方たちの声を聞こうというものです。アダムさんとエリックさんのご都合はいかがでしょうか」

電話の向こうの相手は、「大変光栄な話ですが、あいにくアダムとエリックはお伺いできません。その日サンディエゴで講演会がありまして」と言った。

「それをキャンセルしてワシントンDCに来てもらうことはできませんか」

電話の相手は沈黙した。

「何ですって？」

「アダムさんとエリックさんにはぜひこのイベントに参加していただきたいと思います。こちらのほうがはるかに重要です」

「あのう、開催まで1週間を切ったのに、講演料をいただく講演会の約束をキャンセルしてサミット・シリーズとかいうイベントに行くように私からボスに言えと？　そんな話は聞いたことがないわ」

ブレットは押されぎみだ。そこで戦術を変えた。

「アダムさんとエリックさんに参加を依頼するのはサミット・シリーズではなく、アメリカ大統領のバラク・オバマですよ。あなたのボスはこの国ですばらしいビジネスを立ち上げたので、この国が求めているのですよ」

ブレットはこれまでしたこともないほど大きく間を空けた。それから言葉をゆっくりと引き延ばして続けた。「失礼を承知で言います。ホワイトハウスからの要請ですから、**受けてください**」

「ボカラトンのブレット・リーヴの要請ですから、**受けてください**」と言うよりずっと効果的だ。

幸い、これがうまく行った。まずは2人の参加者の約束を取りつけた。僕たちはどんどん電話をかけ、誘い文句が効いて参加を確約できた人たちの名前をリストに加えていった。そのとき学んだのは、相手にとって胸躍るニュースであれば、土曜の夜遅くに電話したってかまわないということだ。すばらしいチャンスを手土産として渡すのに都合の悪い時間などない。

後でわかったのだけど、参加者のほぼ半分はイベントを疑わしく思っていたらしい。でも疑っていたのに参加を承諾したのは、僕たちが売りたいものを彼らも買いたいと思っていたからだ。CEO、不動産業界の大物、ITの起業家とリストを進めていきながら、僕たちは互いの電話を盗み聞きして、自分たちのシナリオのどこがうまくいってどこがダメなのかを確認した。考えてみると、僕たちはこうした大物たちから見れば取るに足らない存在だ。だから彼らに要請を受けたいと思わせるために、強力なシナリオを考えて用意しないといけない。

するとある夜、僕たちが何気なくユーチューブをチェックしていると「ネクストレベルへ行け。」というナイキのCMが目に入った。アップテンポのビデオで、有望なサッカー選手による一人称の視点で描かれていて、著名なアスリートたちが出演している。

そのとき、僕たちはブランド力のある人を活用することの強みを知った。ナイキは一流アスリートを使って、画面の中で自社のブランドを業界のリーダーであるかのように演出した。そういえば僕たちの手元にだって、とりわけすごいブランド力を持つ存在がある。ホワイトハウスだ。

これと同じシナリオを使ったらどうだろうか。

そこで僕たちは必殺の切り出し文句を考案した。電話の相手が出たとき、数秒待って、沈黙が生じたとき、こう言うのだ。

「こんにちは。エリオット・ビズノーがホワイトハウスからの要請を預かって電話しました」

大げさではあったけれど、実際に僕たちはホワイトハウスの代理として電話している。こう言うとたちまち会話に火がついて、時間を取ってじっくり話を聞いてもらえた。

残り96時間

ほかの3人が熟練した営業の経験に頼る一方で、ジェレミーはほかの方法でグループ内での自分の存在意義を固めることにした。彼は何千人もの前でステージを思いのままにできたが、営業の経験がないため、知らない人を勧誘する自信までは持てなかった。

そこでほかの誰も考えつかず、見過ごされていながらとても大事な仕事を一手に引き受けた。ジェレミーは誰に相談せずとも、僕たちの中に居場所を見つけた。奇跡を起こすまであと4日、ぐずぐずしている暇はない。

バンドにいた頃のジェレミーにとって、音楽作りはパズルのピースの1つにすぎなかった。曲を作っても、それが誰の耳にも届かなかったら意味がないと感じた。

彼は、ソーシャルメディアやウェブサイトを通じてネット上で存在感を出すことの大切さを知り、プログラミングを独学した。ほどなくして、ロゴのデザインからマーケティングのキャンペーンまでさまざまなものからバンドのイメージを伝えることの大切さを知って、画像・写真編集ソフトのフォトショップを独学し、グラフィックデザインのコースを受講した。

サミット・シリーズに参加する頃には、マーケティングやITのエキスパートとは決して言えないまでも、このチームに飛び込むだけのスキルは身に付けていた。

残り96時間を切って、僕たちがまさに望んでいたところまでこぎ着けた。ジェフ、ブレット、エリオットは1日21時間も電話をかけ続けた。ジェレミーはほかのすべてをやった。まずは参加者の社会保障番号をストックするためのセキュリティシステムを構築し、イベント会場の外観と雰囲気をデザインし、細かい段取りを調整し、プログラムからネックストラップに至るまであらゆるものを作り上げた。

プログラムの表紙デザインを仕上げるとき、ジェフはサミット・シリーズのロゴの隣にホワイトハウスのロゴを付け、大統領の紋章のスタンプを押し、ガイドが公式なものであるかのような見た目にして、印刷所に出した。そうやって僕たちは正式な組織としての見栄えを整えた。実際はかろうじて体裁を繕っていたんだけど。

ヨシからの電話があって96時間後、僕たちはアメリカで最も著名な若い起業家35人から参加の確約をもらった。

これだけのイエスを取りつけるのはストレスフルな作業だったものの、これはまだ最初の一歩にすぎない。信じられないほど高名な人たちに僕たちのことを印象付けるまたとないチャンスをもらったが、それよりまず僕たちは約束を遂行しなきゃいけない。

ユタ州で、スタートアップの創業者たちに十分なビールを買い損ねたときとはわけが違う。今回失敗すれば、あのときよりずっと大きな高みから、しかも大勢の面前で落ちることになる。参加者と自分たちを失望させるだけじゃ済まない。新政権をも失望させることになる。

考えるだけで恐ろしいけれど、ホワイトハウスからの要請が来てしまったからには、それに応じるしかない。

10
ロコミの仕込み

僕たちは大役を引き受けた。参加者の交通手段と宿泊先、そして身元を確認した。後から思えば、これはまだ簡単なことだった。今度は参加者を別の場所、**現実離れした**場所へと案内する任務が待っている。

僕たちの一番の不安は、招待したみんながちゃんと来てくれて、イベントが順調に進むかどうかだ。でもイベントについて1つ学んだことがあって、それは**順調**程度であれば開催されないほうがマシだってこと。僕たちは信頼を賭けている。みんなにすばらしいイベントになると言ってしまった手前、みんなが帰り際に〝これ**だけ**？〟と思ったら、失敗だ。

僕たちのビジネスでは期待以上のものを届けたい。無茶な約束をして、さらにそれを上回る結果を残すんだ。だから、今回もイベント当日を最高の1日にしようと神経を注いだ。

ホワイトハウスは2時間のシンポジウムを取り仕切る。これだけだったら単なる現実的な政策関連の仕事だけど、僕たちはその日すべてを価値ある体験に変えたかった。シンポジウムがどれほど具体的な成果をもたらすのかはわからない。でももしイベントが単に2時間の流れ作業だったら、参加者をがっかりさせることになるのは目に見えている。だから朝食から寝酒に至るまで、イベントに付随するほかの部分のプランも考えて、すべての体験を忘れられない、意味のあるものにしたいと考えた。

ホワイトハウスに行って状況の説明を受け、政府から相談をされるなんて最高の体験だろう。自分が重要な存在で、必要とされている気分になる。でも、それだけで自分の話を聞いてもらっている気分になるだろうか。人脈を築いた気分になるだろうか。

経済回復のためのアイディアが出るかはともかく、その状況説明がきっかけで世の中が実際にどう変わっていくかなんて、ずっと後にならなきゃ見えてこない。一方で僕たちにはビジネスリーダーたちの新たなコラボを促すチャンスがある。うまく行けば、このコラボによって経済回復が加速し、この100年間で最悪の経済危機の中から新しいビジネスが生まれるかもしれない。

そのためにも、ただ悠長に静観しているわけにはいかない。怖がらずに、誰に頼まれずとも積極的に関わって、このシンポジウムを意義あるものにしたい。

僕たちは考えた。このイベントが話題になるほど、参加者たちはこれが重要なイベントだと感じるようになるんじゃないか。このチャンスを逃すわけにはいかない、と。

そこで必要なのはバズらせることだ。イベントは内密に行われるため、メディアで報道されることはない。かといって誰も知らなければ、起業家たちにとって、ホワイトハウスにスタートアップの支援を呼びかける意味が薄れてしまう。今回が好機であることを起業家たちに認識してもらいたい。

バズらせる戦略

『ワシントン・ポスト』紙は、20代初めの若者の話なんてまともに聞いてくれないだろう。これまで僕たちはほとんど取材を受けなかったし、僕たちを**取材した**ひと握りのメディアもこちらを持ち上げてくれているとは言えなかった。

そこで出番になるのが、聞き知ってはいた「ささやき作戦」だ。僕たちは情報があふれる世界に住んでいる。それを逆手に取って、自分の話を聞いてもらいたいときに少し静かに広めると、相手側がむしろ好奇心をかき立てられることがある。

今回、その作戦は僕たちにぴったりだった。エリオットはホワイトハウスがあるワシントンDCで育ち、ブレットとジェフはワシントンDCの大学に通っていた。しかもジェフはアメリカン大学のサッカーチームをやめてから、連邦議会でおそらく史上最年少の正式なスタッフとして働いていた。僕たちがワシントンDCで知り合った友人や知人に連絡すれば、ざわつかせられるんじゃないか。

僕たちはワシントンDCの知り合いみんなに、何か大きなことが起きるよと伝えた。それが何かと聞かれたら、政府の敷地内で会合が開かれるけど、それ以上は言えないとぼかしておいた。財務省の事務局にも電話して、「ガイトナー長官は今週金曜日の会合をご存じですか」と尋ねてみた。

エリオットはライアンに電話して、「ホワイトハウスに誰か知り合いはいないかな?」と聞いた。

「ああ、いるよ」

「本当に?　誰?」

「そのう、つまり、知り合いがいそうな人を知ってるってことさ」

ライアンはにんまりした。

ライアンは何人かに電話して、オバマの最高経済顧問の1人、ジェイソン・ファーマンの携帯にたどり着いた。集まりに参加するのか聞いたところ、ジェイソンには初耳だったが、この電話で種はまかれた。

ジェイソンは会合のことをオフィス中に聞いて回った。やがてホワイトハウスの職員の間では、この物々しい集まりが何なのか、ホワイトハウスからほかに誰が参加するのかといった話でもちきりとなった。

招待を求める人たち

2009年3月初め、新政権はまだ組閣の最中だ。誰もこの輪から外されたくなかったし、特に組織図が具体化し始めた時期となればなおさらだ。役人たちは招待を求め始めた。

オバマの首席補佐官ラーム・エマニュエルがヨシと話したとき、なぜ自分が呼ばれていないのか聞いたそうだ。数分後、ヨシはエマニュエルがどうやってこの内密なイベントのことを聞きつけたのか知りたくて、エリオットに電話した。ついには、イベントの前日に、ツイッターのCEOであるエヴァン・ウィリアムズがイベントのことをツイートして、大騒ぎになった。

ヨシが動いてみんなを落ち着かせて計画を前に進めなかったら、騒動が大きくなってイベントはキャンセルになっていただろう。僕たちは少し前に出過ぎたのかもしれないが、うまく行った。それは僕たちが**積極的に関わった**からだ。

政府の経済刺激策をとりまとめたチームのメンバーは、すぐにイベントのシンポジウムへの参加を決めた。経済政策に関してオバマにアドバイスする人たち、ソーシャルメディアや環境政策に関わる人たちも参加する。誰もがより深く、イベントに関与するようになった。

僕たちが広報の会社を通してPRをしていたら、決してこうはならなかっただろう。自分たちで話を広めたおかげで、普通のPRよりもはるかに多くの注目を集められた。

そのとき学んだとても重要なストーリーテリングの戦略は、今でもサミット・シリーズに息づいている。つまり、「神秘（ミステリー）が歴史（ヒストリー）を作る」ということだ。

11

コミュニティという発想

ホワイトハウスのイベント当日、僕たちはワシントンDCにあるエリオットの実家で夜明け前に起床した。いよいよこの日が来た。

数時間後、イベントが始まった。みんながザ・ヘイ・アダムス・ホテルのラファイエット・ルームで座って朝食をとる。ワシントンDCに滞在するとなれば**まずは**このホテルだろう。オバマ大統領も就任前、家族と一緒にこのホテルにしばらく泊まっていた。

僕たちは昔ながらのワシントンDCスタイルでもてなされる。糊が効いてパリパリの白いテーブルクロス、ピカピカの陶器、腕をナプキンで覆ったウエイター。冒険家のチャールズ・リンドバーグやアメリア・イアハートが1930年代に訪れたときもこうだったのだろうかと、僕たちは思いを馳せた。

ラファイエット・ルームには活気がみなぎっている。僕たちは参加者全員に自己紹介をお願いした。

「私は不動産投資会社、ティシュマン・シュパイアーのロブ・シュパイアーです。インドから飛行機で来ました」

「どうも、ザッポスのCEO、トニー・シェイです」

「ツイッターのエヴァン・ウィリアムズです」

「こんにちは、ジェシカ・ジャックリーといいまして、キヴァの共同創業者です。この集まりに参加できて光栄です」

ツイッターの共同創業者の隣にいるのは世界最大手のマイクロファイナンス（途上国への小規模融資）組織、キヴァのトップだ。メソッドの創業者がデイリーキャンディーのキャサリン・ルヴィンの隣で朝食をとっている。

この部屋にいながら、僕たち4人には何の仕事もない。起業家たちが低迷にあえぐアメリカ経済をビジネスで立て直そうとしてきた一方で、ついこの間までジェフはメイシーズでファッションの動向を見ながらプランを練るという雇われの身に甘んじ、ジェレミーはパンクバンドとツアーしながら、道端のハンバーガーショップで空腹をしのいでいた。

みんなの朝食が終わると、僕たちはすぐにラファイエット広場を抜けて、経済政策を話し合うためにアイゼンハワー行政府ビルに行った。

ホワイトハウスの側も、たった2時間では経済危機の解決に至らないと承知していた。そうであっても、ホワイトハウスは参加者たちのことを知りたいと心から願い、この2時間で40人のすばらしい起業家たちに出会えることを楽しみにしていた。

ホワイトハウスはほどなくしてツイッターと関わりを持ち、これを機にツイッターの強力なプロモーションツールとしての可能性がようやく明らかになる。エンジェル投資家（ベンチャー企業を支援する個人投資家）のクリス・サッカは、政権がさまざまな問題を解決する後押しとなるよう、自身が温めているスタートアップ企業のポートフォリオを紹介した。この後の8年間で、ホワイトハウスはこの会議室にいる多くの人たちとコラボすることになる。

舞台の裏側で

でも重要な会話が行われたのは会議室だけじゃない。シンポジウムの間、ジェフは一部の参加者が通路で話そうと部屋を出ていくのに気づいた。政府が示す深い視点は魅力的ではあったけれど、講演よりも雑談からのほうが多くを学べる場合もある。古代のことわざにもあるとおり、「聞いたことは忘れる。教わったことは覚える。自分が**関わった**ことは学ぶ」だ。まさにジェフもそうやって学んできた。

舞台の裏側で起きていた最高にすばらしい会話の瞬間を目の当たりにして、ジェフはこの通路みたいな場が、自分たちが将来手掛けるイベントを左右する重要なものになると確信した。みんなが意見を交換し合える親密なスペースを作りたいと思った。

シンポジウムの後、僕たちはザ・ヘイ・アダムス・ホテルに戻っていくつか円卓会議を行い、その場で参加者は互いへの理解を深めていった。会議の間、僕たちは主催者側として参加者から距離を取っていた。会話は僕たちから離れた場所で行われていたので、言葉を挟む余地はない。でも夕食の時間までにはみんなの熱気が見て取れた。

今回のホワイトハウスのイベントが自身にとって初めてのサミット・シリーズのイベントだったジェフは、会食というシンプルなことが人々を結ぶのだということを知った。といっても、関係が深まるのは磨いた銀の食器や豪華な雰囲気のおかげじゃない。アイコンタクトや身ぶり、声のトーン、会話から発せられるエネルギーのおかげだ。

同じく今回が自身にとって最初のイベントとなるジェレミーは、夕食の場で参加者が深くつながっていくのに驚いた。〝このつながりは簡単に断ち切れるもんじゃない〟と彼は思った。

このすべてをヨシも感じ取っていた。彼は僕たちを脇に呼んでこう言った。

「君たちのしていることには意義がある。君たちの力はすごいな。人を集める力だよ。この力をいい方向に使ってくれ。パーティーを開くとかそういうことを言ってるんじゃないよ。人々を集めて、世界に影響をもたらすことに使ってほしい」

僕たちはアスペンのイベントを告知したメールを振り返り、そのときみたいにフィードバックを**求めなければ**ビジネスをぶち壊しかねないことをあらためて痛感した。今僕たちはどんなアドバイスでもしっかり受けようと神経を注いでいる。特にヨシみたいな人からであればなおさらだ。すると、まさかの人から別の知恵を授かった。

トニーの質問

ザッポスのトニー・シェイが僕たちのところに来て、シンプルにこう尋ねた。

「このイベントで、君たちが実家に食事に招きたくないと思う人はいる？　その人の個人的な成功とか仕事での活躍は別にしてだけど」

「ええ、何人かはいます」と僕たちは答えた。仕事では成功していても、この部屋にいるみんなが価値観を共有しているわけじゃない。僕たちはホワイトハウスから提供された、政権の価値観を反映する人たちのリストと格闘しつつ、自分たちで接触した人たちを少し加えていた。

「そういう連中は、君たちがこの先築いていくものには参加できないね」とトニーは言った。「コミュニティを築こうと思うなら、一番大事なのは君たちのカルチャーだ」

トニーはその後『ザッポス伝説2・0　ハピネス・ドリブン・カンパニー』という本を書くなど、カルチャーを通じたコミュニティ作りのコンセプトを誰よりも理解していた。残念なことに、2020年にトニーは亡くなってしまったけれど、彼が僕たちの組織にもたらした影響はコミュニティが続く限り生き続けるだろう。彼があの夜僕たちに授けてくれた知恵によって、サミット・シリーズの方向性は変わった。

打ち上げのパーティーは深夜2時に終わったが、僕たち4人は今回経験したことについて夜明けまで語り合った。有頂天になっていたわけじゃない。成功したこととしなかったことをあぶり出して、サミット・シリーズをこの次どうするかを確かめ合ったんだ。

トニーのおかげで、僕たちは自分たちの会社を単発のイベントを次々に開催するイベント会社ではなく、永続的なコミュニティを作っていく手段にしようと考えるようになった。そうなると、次の2つのシンプルな問いが参加者の資格となる。

1. 自分たちが招待したい人たちは、世界で画期的なことをしているか。
2. その人たちは心優しく、成長を心から願う開かれた心の持ち主であるか。

この基準は単純明快だけど、とても説得力がある。この2つの問いによって、サミット・シリーズの方向性は劇的に変わった。あの晩まで、僕たちには自分たちが築きたいものを表現する言葉が欠けていた。僕たちはユタ州とメキシコで2つのイベントをこなしていたが、**コミュニティ**というもっと大きな意味でサミット・シリーズをとらえていなかった。

アイディアは、それにふさわしい言葉で言い表して初めて具体化される。僕たちが参加者として来てほしいと思うようなとても優れた人たちは、そう簡単に集められるわけじゃない。だから、そういう人たちを招くときに大事なのは、サミット・シリーズを明確かつ簡潔に定義し、なるほどと思わせることだ。自分の使命をはっきり説明できれば、ほかの人たちから信用が得られるし、自分自身の信念も確かめられる。

僕たちが新たに作った参加基準を見ると、どれだけ資産があるかは問わないということがわかるはずだ。

僕たちのイベントの対象は、フォーチュン500のリストに入るエグゼクティブに限らない。たとえばアーティスト、慈善事業の代表者、科学者、シェフなど、幅広い才能に門戸を開いている。いずれも僕たちのコミュニティ作りに寄与して、中身を充実させてくれる人たちだ。つまり、僕たちと情熱を共有する人たちなら誰でも参加できることを明確にした。「世界を変える25歳未満の25人」リストの人たちに限らず、広く募りたい。

アスペンのイベントのことをもう一度考えて気づいたことがある。自分たちを窮地に追い込んだのは下手にこしらえたメールの**言い回し**であって、コンセプトそのものじゃない。透明性を保つどころか、ユーモアを盾にしてその中に隠れてしまったのがいけなかった。繊細に振舞うどころか、生意気だった。他人のことを考えず、自分たちのことばかりを考えていた。

今なら自分たちの物語の伝え方がわかる。自分たちが作ろうとしているのは、業界や学問の分野を超えてイノベーターが集まるコミュニティなんだって、今だったら説明できる。思いやりと柔軟な考えを持っていて、仕事の成功に関係なく僕たちが友人になりたいと思う人たちの集まりだ。

そんなコミュニティに参加したくない人なんているだろうか。

僕たちのこれまで、これから

ホワイトハウスのイベントの翌朝目を覚ますと、僕たちはもうこれまでみたいに、ぬかるみをとぼとぼ歩きながら、アスペンのイベントを決して失敗させまいともがいているような気分ではなくなっていた。前に進む方法がはっきりと見えていて、心の準備ができている。

ホワイトハウスのイベントのおかげで僕たちはセカンドチャンスを手にしただけでなく、キャリアも一段積むことができた。イベントの前、みんなから僕たちのこれまでを聞かれて、何と答えられただろうか。メイシーズでファストファッションを大量注文していましたとか、父親のネットのニュースレターで広告枠を売っていましたとでも言っただろうか。

確かに、僕たちは起業家のために何回かパーティーを開いたことがある。でもホワイトハウスのイベントを経験したことで、僕たちのキャリアにはこれまでにない箔が付いた。今の僕たちには語るべき言葉がある。影響力のある人たちとつないでくれる新しい友人もたくさんできた。

僕たちは、この新たなモチベーションとチャンスとを現実に生かさなきゃいけない。今、アスペンのイベントが間近に迫っているのに、チケットの売れ行きはかんばしくない。だから僕たちは新しい友人たちを早急に見つける必要がある。

12
ある女性との出会い

僕たちはホワイトハウスのイベントでの勢いそのままに、アスペンのイベントを前に進めた。なにせセントレジスで予約した部屋が埋まらなければ、大赤字に転落してしまう。

時計ブランドのレイモンド・ウェイルという大物スポンサーと提携したことで窮地をしのいだはずだった。この会社が当初10万ドル出そうと言ってくれたのだ。ところがそのうち、提示された数字は下がり始めた。あっという間に2万ドル。それから7000ドル。さらに、2000ドルと時計4本に落ち着いた。

数少ないスポンサーの1つに感謝しつつも、この締め付けはこたえた。でも、この条件を受け入れるほかに選択肢はない。1ドルでも喉から手が出るほどほしい状況だ。

当初の参加者候補の多くをメールの大失敗によって失うのは仕方ないこととして受け入れ、僕たちは友人と家族のツテを頼るブレットの戦略を使い、予約してくれた人にその人脈から誰か紹介してくれるよう頼んだ。するとチケットの売り上げは徐々に上向き、僕たちは少しずつゴールに近づいていった。

そこから学んだのは、多くのビジネスチャンスはわずかな幸運と忍耐によって、少しずつ泡立ってくるということだ。次々にメールを送り、次々に電話をかけ、そのうちに決定的な出会いがある。そこで出会った誰かが、たった一人で状況を一変させてくれる。

僕たちにとって、その人は快活で陽気なテキサス州の人で、アスペンのイベントを救い、サミット・シリーズをがらりと変える一連の出会いのきっかけを与えてくれた。

彼女の名前はエリザベス・ゴア。

エリザベスの提案

僕たちが初めてエリザベスに会ったとき、彼女は国連財団と提携する世界的団体の代表だった。国連財団は国連とともに支援活動を行う慈善団体だ。立ち上げたのはCNNの創業者テッド・ターナーで、アメリカが国連に対して支援金の支払いを拒否したことを恥じてこの団体を結成した。テッドは、世界は一致団結して問題を解決すべきという信念のもとに、自腹で10億ドルを財団に寄付したのだった。

共通の情熱を持ち合わせていると知り、僕たちはすぐにエリザベスと親しくなった。メキシコのイベントでのシュー・ドロップの経験を話し、それによって自分たちがどれほど世界のために尽くしている組織と起業家たちとをつなげたいという思いになったかを伝えた。すると彼女はこのサミットという場を有効活用したいという僕たちの思いを知り、国連財団がその助けになるのではと感じてくれた。

実際、エリザベスは僕たちを助けてくれた。彼女の近くにいることで、自分たちにはもっと多様性に富んだコミュニティが必要であることがはっきりと見えてきたし、さまざまな視点を取り込まなければ、中身がスカスカのままであることにも気づいた。

「あなたたちには女性に講演してもらうことが必要では？」とエリザベスは提案した。

「エレン・グスタファソンとローレン・ブッシュはどうかしら。FEEDの共同創業者よ。この慈善団体はトートバッグを販売して、世界中の飢えている人たちに1億食を超える食事を提供しているの」

エリザベスからの紹介だから、とても楽な気持ちで電話ができた。エレンとローレンの2人とも、僕たちのアスペンのイベントで講演をしてくれることになった。さらに、サミット・シリーズでオークションを開催することで、サミット・シリーズは多くの人を悩ませる社会課題に金銭的な支援ができることを彼女のおかげで知った。

「落札者をテッド・ターナーとのディナーにご招待なんてどう?」とエリザベスは提案してくれた。これまでオークションなんて開催したことはなかったけれど、どれだけお金が集まりどんな支援ができるか胸を躍らせ、僕たち4人はのめり込んだ。

エリザベスが教えてくれたことの価値は計り知れない。スポンサーを得ようと何カ月も奮闘した僕たちは、国連財団との新たな提携によって、自分たちの仕事は間違っていないという確信を強めた。僕たちにほとんど経験がないと知りながら、エリザベスはキャリアを通じて築いてきた自身のブランド力を僕たちに委ねてくれた。また、僕たちを信頼して女性たちを紹介してくれた。

国連財団と起業家

僕たちは彼女の寛大な心に圧倒されっぱなしだったが、当時は気づかなかったものの、ある意味でサミット・シリーズも彼女を助けていた部分がある。

エリザベスは、財団での自分の仕事は大理石を丘の上まで運ぶようなものだと感じることが多かった。国連は非常に官僚的で、起業家のような問題解決には慣れていなかったのだ。政府や国のトップと堅実かつコツコツと仕事を進める。一方で起業家は問題に取り組む際、パラシュートも付けないで飛行機から飛び降り、着地するまでにそれをこしらえるような仕事ぶりだ。この2つのビジネススタイルを統合するのは不可能に見えた。

でも、エリザベスはそれをやろうとした。そして僕たちは、パラシュートを付けない怖いもの知らずの若い起業家と彼女とを結び付けたってわけだ。

エリザベスの最も画期的なアイディアの1つは、ナッシング・バット・ネッツというプログラムを通じてマラリアと戦うために、NBAと提携したことだ。

マラリアはアメリカではあまり話題になることはないが、世界中、特にサハラ以南のアフリカでは大きな問題であり、2分ごとに子どもが1人この病気で亡くなっている。殺虫剤を施した蚊よけネットは、マラリアを予防するシンプルかつ低コストの手段であり、エリザベスはバスケットボールのスター選手を使ってこの蚊よけネットを宣伝している。

ある著名なスポーツコラムニストは、雑誌に10ドルの寄付を募る記事を書いた。これはこれで手堅い船出だが、キャンペーンにはもっと大きな発射台が必要だった。

エリザベスによると、オークションで集まった金がナッシング・バット・ネッツに行けば、多くの命が救えるそうだ。彼女はまた、蚊よけネットを作ったヒューマニストの実業家がいるから、その人を招待してはと言った。ミケル・ヴェスターガード・フランゼンだ。

アスペンのイベントのチケットを買ってくれた120人のほとんどは、エリザベス・ゴアやミケル・ヴェスターガード・フランゼンの名前を知らない。参加者のほとんどはITのスタートアップの創業者だ。後にわかるが、このテクノロジーと社会正義の出会いこそは僕たちに必要なもので、最高の出会いによって視野が劇的に広がるという大きな教訓を僕たちに残してくれることになる。

あのときエリザベスが僕たちに教えてくれたことは、後のあらゆる変化につながった。女性たちやミケルやオークションなどを彼女が紹介してくれなかったら、アスペンは普通のスキー旅行になってしまっていただろう。

サミット・シリーズは単なるスキー旅行をはるかに上回るものになれる。今度は僕たちがほかのみんなにそれを証明する番だ。

13

ダブル・ボトムライン

アスペンのイベントはスムーズに運んだ、と言いたいところだがそうはならなかった。2009年の雪が残る4月の週末、計画したプログラムはどうにか支障なく進めることができたと、そう言えたらよかった。

環境は最高だったものの、参加者の感性には合っていなかった。参加者の多くはIT業界の若い起業家で、コンピューター画面でプログラムを作って金を稼いだ人たちだ。セントレジスみたいなホテルには行ったことがない人もいる。豪勢なバスローブとスリッパが備え付けられているような高級ホテルで、僕たちも参加者たちも場違いなところに来てしまった気分になった。

みんなはまるでこれがファッションだと言わんばかりに、バスローブとスリッパでホテル内をうろつくようになった。しかも、僕たちは誤ってファイアダンサーのショーを初日の午後2時に予約してしまった。夜空に炎が映える時間だったらすばらしいパフォーマンスだったかもしれないが、バスローブを着た客の前、しかも午後の日差しの下だったために、まったく盛り上がらずに終わってしまった。

こうした失敗から悟った。みんなが来てくれたのは、豪華なバスローブやファイアダンサーや『GQ』誌に出てくるような部屋をお目当てにしていたからじゃなかった。新しい出会いを求めて来たんだ。

みんなは通路でばったり会って、おしゃべりするだけで十分楽しんでいた。僕たちは業績の数字で頭がいっぱいの参加者を、世界をより良くしようと頑張っている人たちに紹介している。フタを開けてみると、誰もがお互いから多くを学んでいた。

慈善で稼ぐ

そう気づいたのは、ミケル・ヴェスターガード・フランゼンがステージに登壇したときだ。彼は病気を食い止めるために生きている。1918年のスペイン風邪のようなパンデミックが起こるのは時間の問題だと彼が語るとき、誰もが席から身を乗り出して聞き入った（後年、彼の言ったとおりのことが起きてしまった）。

ミケルは2つの理由でみんなの心をつかんだ。1つ目の理由は彼が最先端の情報を提供していること、そして2つ目は、彼の事業が人を**助けている**こと。彼は慈善活動をしているわけじゃない。彼の会社は利益を出し、**なおかつ**命を救っている。

ミケルのビジネスはスイスから始まった。殺虫剤を施した蚊よけネットでマラリアの蔓延を食い止めながら、彼はライフストローというろ過装置も発明した。汚染した水からほぼすべてのバクテリア、マイクロプラスチック、寄生虫を取り除く装置だ。ミケルの会社は何百万人もの命を救い、かつそうすることで快調に収益を上げている。

「慈善を行うことで収益を上げることができます」と彼は言う。

「これこそが人道主義的な起業家精神です」

この言葉に誰もが魅了された。

企業の社会的責任は今でこそ浸透しているけれど、当時の若いIT業界のスタートアップにとってはほとんど視野に入っていなかった。起業家たちが慈善事業を望んでいないわけじゃない。彼らは単に、ビジネスの野心と慈善事業とが両立可能だって知らなかっただけだ。

起業家たちにとって、やみくもに小切手を書いて赤十字に送るよりは、エレン・グスタファソンやローレン・ブッシュのようなソートリーダーと活動したほうが得られるものが多い。

インターネットを中心に活動するIT業界の参加者もいれば、子どもの人身売買を止めようと会社を運営する参加者もいる。インビジブル・チルドレンという、拉致されて兵士にさせられるウガンダの子どもを守るために啓蒙と支援を進める団体の代表が、シリコンバレーの一流のＩＴ起業家たちと出会う。どこを向いても、みんなにとって学ぶことであふれている。

病院の駐車場の子どもたち

その日遅く、参加者の前に思わぬ人物が現れた。リアリティ・ショーの『サバイバー：アフリカ』の勝者、イーサン・ゾーンが講演をするために立ち上がった。

番組の競技者だったとき、イーサンは自分の所持品の１つを遠く離れたアフリカに持参することが許された。プロのサッカー選手だった彼が持っていくことにしたのはハッキーサック（お手玉のような小袋）で、困難な〝サバイバー〟体験の息抜きにこれだけを楽しんだ。１つのチャレンジが終わると、イーサンは病院の駐車場で裸足の子どもたちとハッキーサックを蹴って遊ぶのだった。

子どもたちはサッカーボールを持っておらず、代わりにぼろきれに麻糸を巻き付けて使っていた。イーサンは帰国の際、ハッキーサックに夢中になった子どもたちにそれをプレゼントした。

イーサンはアフリカを発つ前、どうして子どもたちは病院の駐車場で遊んでいるのかと看護師に尋ねた。看護師いわく、子どもたちはＨＩＶに感染しているという。この病気は多くのサハラ以南の国ではお母さんから赤ちゃんに感染し、20人に１人が陽性なんだ。

そこでイーサンは『サバイバー』で勝ち取った１００万ドルの賞金で、グラスルート・サッカーという組織を立ち上げた。子どもたちにサッカー用具や競技場を提供するとともに、アフリカに蔓延するエイズと闘うために、若者たちに相談相手や情報、医療サービスを提供しようと考えたんだ。彼はこう言った。

「自分の心を痛めるものに出会ったら、その解決に取り組んでいる組織に参加していただきたい」

部屋の誰もが立ち上がって拍手した。長いスタンディングオベーションが終わると、エリザベス・ゴアがステージに立って、僕たちが間もなく開催するチャリティーオークションの話を始めた。勝者はテッド・ターナーとディナーをともにすることができて、収益金はすべて国連財団とナッシング・バット・ネッツに行く。

初めてのチャリティーオークション

エリザベスから初めてオークションを提案されたとき、僕たちはそのアイディアにわくわくした。〝セントレジスでチャリティーオークション？　ここなら大金が集まりそうだ〟

ただ困ったことに、僕たちは本物のオークションを見たことがない。知っていたのは司会者が早口でまくしたて、一番高い金額が入ったら「さあ、ほかにいませんか、落札されました！」というお決まりのセリフを言ったりすることくらい。

エリオットとジェフは一緒にオークションの司会をやろうと立ち上がったものの、いくらから始めていいのかわからず、誰も名乗り上げなかったときの気まずい空気に対処する準備も当然ながらできていない。

長く気まずい沈黙の後に、きっと同情からだろう、IT起業家の1人が少額のオファーを提示した。さらなる沈黙となり、ミケルが名乗りを上げて5桁の数字を言った。みんなが息をのんだ。

ITの起業家はさらに高い額を提示した。

ミケルはすぐさま6桁に達しそうな新たな金額でサーブを返した。起業家はにっこり笑って辞退。エリオットが「さあ、ほかにいませんか、落札されました」と言うと、観客はミケルに拍手喝采を浴びせた。

拍手がやむと、次点のIT起業家が後方で立ち上がり、発言を求めた。僕たちがマイクを差し出すと、彼は7万5000ドルを寄付すると宣言した。彼は何も見返りをもらうことはない。ただオークションの大義を支持したかったんだ。

「テッド・ターナーがどういう人かも知りませんが」と言って、彼は自分の気持ちをずばりとこう伝えた。「僕で力になれたらと思います」

部屋にまた喝采が沸き起こり、その瞬間僕たちは何かに向かっていることに気づいた。

参加者たちはツイッターを利用して国連財団へのさらなる寄付を募った。エリザベスはツイートが次々に流れてくるのを見て目を疑った。当時、ツイッターで募金を呼び掛けるのは資金集めにとって画期的なアプローチだった。

しかし、その場の参加者たちは金を寄付したり、インターネットで寄付を募ったりするだけにとどまらなかった。人々を助けるために自社のビジネスモデルをどう変えるかを考えていた。まるで誰もがダブル・ボトムライン（2つの収益）を見出したようだ。収益を上げ、**なおかつ**社会貢献を行うこと。

イベントが終わるまでに、僕たちは国連財団のために25万ドルを集めた。エリザベス・ゴアはこれをとても喜んでくれて、後のサミット・シリーズでガールアップなどのほかの活動を立ち上げることになる。ガールアップは若い女性のスキル、権利、リーダーシップに関する機会を向上させる運動だ。僕たちは営利と非営利の世界を融合させ、事業で成功した人を促して社会をより良くしてもらおうと考えた。

チャリティーに25万ドルを集めた僕たちは、これならもう一度やれると思った。初めて**僕たち**
もダブル・ボトムラインを達成したからだ。国連財団を支援しただけでなく、イベントでチケットが売れたおかげで、わずかながら収益を出すことができた。

最終日の朝、僕たちは参加者たちに来てくれてありがとうと感謝を述べ、みんなとお別れした。3日間ノンストップでイベントを運営して疲れきっていたにもかかわらず、興奮して眠れなかった。僕たちにはやっとサミット・シリーズの理想の形が見えた。今度はこの新たなビジョンを現実のものにする番だ。

14

クリントンを招く

フロリダにあるブレットの祖母のマンションに戻るのは、振り出しに戻ってしまうような感じがする。せっかく僕たちはこれまでとまったく別人になった気分なのに。

この数カ月の間に、ホワイトハウスのイベントを土壇場で成功させ、アスペンではチャリティーに多額の金を集め、かつ自分たちの価値観についてしっかりと理解を深めた。サミット・シリーズをどう運営したいのか、どういうコミュニティを築きたいのかを心に決めた。

もう僕たちはイベントの運営会社じゃない。ソートリーダーシップ、コラボ、思いやりに基づくコミュニティ。これを育むための場を提供することこそが僕たちの仕事だ。

「サミット・シリーズ」という名前は、もはや新たに定義したビジョンを体現するものじゃないから、「シリーズ」を取って単純に「サミット」とブランド名を改めた。

ニューヨークに移る

フロリダの高齢者マンションは自分たちの思い描く拠点とは違うことに気づき、僕たちはアスペンのイベントで得たわずかな収益をカジノテーブルの上に置いて、思い切ってこの金を使って一か八かニューヨークで名を揚げるすべを探すことにした。

僕たちは金を出し合って、マンハッタン南端部にある白い壁の窮屈なアパートに移った。子ども用の二段ベッドと、床にマットトレスが備え付けられている。セントレジスで味わった豪華な憩いの場は望むべくもないけれど、ここから勢いをつけていこうと鼻息を荒くした。

ホットプレートで食事を出してくれる近所のボデーガ（スペイン雑貨店）で夕食をとる。ハドソン川向かいのニュージャージー州ホーボーケンのアパートなら、同じ家賃で各自寝室が持てただろうが、活動の中心地にいたほうがいいと判断した。

ただ1つ困ったことに、僕たちの言う「中心地」にはインターネットサービスが含まれていない。

「ジェレミー、どうやってＷｉ‐Ｆｉを設置しようか」

ジェレミーはほかのこともしながら、正式に僕たちのＩＴ担当となった。ピアノ、ドラム、ギターに音楽ソフトウェアのプロ・ツールスをマスターした彼のことだから、何でもできるだろうとあてにした。

増えていく自分の担当業務にITを加えただけでなく、ジェレミーは洗濯機の上の棚板にビデオ機器を置いた粗末な編集スペースで、アスペンのイベントをまとめたスタイリッシュな動画作品を作った。立ち込める洗剤の匂いにちなんで、彼はこの小さなスペースを「ダウニー編集室」と呼んだ。

僕たちはコミュニティを大きくするために、価値観を共有する起業家との打ち合わせを1日に7回行った。おかげで食事も助かった。会う人たちは大体僕たちより年上で成功しているから、気前よくごちそうしてくれる。地元のレストランで僕たちが夕食会を開く際は、つねにカンパを募り、あるときなど26人分割り勘での会計をお願いしたこともある（我慢して状況を理解してくれたウエイターには、この場を借りて心からお詫びしたい）。

魅力的なビジネスマインドを持った人に毎日出会うことのもう1つの利点は、学習プロセスが加速されることだ。毎晩、僕たちはこうした経験を持ち帰って、互いに深く語り合うのだった。

元大統領の出演料

ホワイトハウスとアスペンのイベントは一応成功したと思うけれど、僕たち自身はまだ世間知らずで根無し草だという自覚もある。だから、クリントン元大統領の慈善団体を紹介されたときは度肝を抜かれた。

権力の座にいた一昔前の世代が、世界の注目を集める新世代の起業家に目を付け始めていた。クリントン財団もまた元大統領の威光を借りて、こうした新進のリーダーとつながろうと考えていた。ホワイトハウスのイベントを通じてこちらのうわさを聞きつけ、手伝ってくれないかと要請してきたんだ。そこで僕たちはチャリティー・イベントを開催しましょうかと持ち掛けた。

問題はただ1つ、クリントンの出演料が財団への25万ドルの寄付だということ。当時、財団はHIV（ヒト免疫不全ウイルス）／エイズの根絶、災害援助、気候変動との戦いなど複数のプログラムを運営していた。僕たちは財団のこうした姿勢に全面的に賛同するものの、寄付するには金を集める手段を見つけなくちゃいけない。ボデーガでサンドイッチを買うのさえままならないのに、25万ドルの寄付金なんてなおさら無理な話だ。

しかし、間もなく小さな抜け道が見つかった。

馬鹿正直に広報を通せば、まず全額を現金払いする羽目になるだろう。だけど僕たちには彼の財団に何人か信頼できる知り合いがいて、幸いその人たちと交渉できるので、イベントまでの全額支払いは避けられる。頭金だけで大丈夫だ。これは僕たちにとって抜け道であり、かつイベントの入口でもある。

僕たちは、世界からマラリアを根絶する後押しとなる25万ドルをオークションで集めたばかりだ。だったら、オークションを使ってクリントンの出演料を集めてはどうだろうか。オークションはアスペンのイベントのハイライトとなったくらいだから、ニューヨークでもうまく行かないわけがない。

直近のアスペンでの資金集めイベントに勇気をもらい、僕たちはビル・クリントンの出演時間を2時間確保した。出演料をどう支払うか具体的な案もないまま、途中で何とかなるという鈍感力で。

イベントは2009年7月を計画した。目標はまたしても、すばらしい人たちを80人集めることだ。だけど、場所を変えただけで同じ体験を繰り返してしまったら、退屈に感じさせてしまうんじゃないか。こっちだって何度も同じイベントを繰り返したくはない。つねに新製品を出し続けたい。

エリザベス・ゴアから、多様な考えの人がいることで会話が飛躍的に充実するということを教わり、僕たちは起業家だけじゃなくて、アーティスト、作家、ミュージシャンなどをイベントにたくさん招きたいと考えた。

僕たちはこうも言いたい。インプットが多様になればなるほど、アウトプットも複雑でインパクトのあるものになる、と。インプットの数と中身に比例して独創性も増していく。思わぬアイディアを耳にすればするほど、思わぬ結果にたどり着く可能性が高まる。

最高のイベントを作り上げたいなら、多彩な大物のリストを作らないといけない。南アメリカの教育プログラムに資金を提供する方法をブレインストーミングしながら、同時にユーチューブのCEOとおしゃべりを楽しめるような人たちのリストだ。

最終的にカギを握るのはビル・クリントンの名前だ。みんなが元大統領に会いたがっている。元大統領が出演するというイベントの魅力に惹かれて、ほかにも参加者を誘っていいか電話で尋ねてきた人もたくさんいた。こうして、後から呼ばれた参加者ほど知名度が高くなっていった。

参加者の1人が、イベントの開催のために、僕たちに2000万ドルの広間を貸そうと申し出てくれた。それからほどなくして、参加者たちがエンタメ業界から著名なリーダーを連れて来ると言ってくれた。アスペンのイベントを成功させるために、友人と家族のツテ戦略を慎重に使っていたけれど、今やこちらが頼まなくても自然と向こうから来てくれるようになった。

こうした人気のおかげで、エリオットがいきなり参加費用を求めた、アスペンのイベントへの招待メールに腹を立てた人たちとも関係を修復できた。自分たちがどれほどのへまをしたのか自覚して、腹を立てた人たち一人ひとりに連絡した。お詫びの印に彼らについては再びイベントは参加無料とした。

「あのう、ここ2カ月電話でお話ししておりませんが、ビル・クリントンとの夜にあなたをご招待したいと思います」という文句で始める。ほかにも参加するのは俳優のエイドリアン・グレニアー、ブレイク・ライブリー、キルスティン・ダンスト、ミュージシャンのワイクリフ・ジョン、モデルのアドリアナ・リマというすばらしい面々です、と。

「すばらしい夜になります」という言葉で締めた。

オークションの戦略

『ニューヨーク・タイムズ』紙がうわさを聞きつけて、ビジネス欄に僕たちのことを書いてくれた。新聞を手に取って、エリオットのことが**「ミスター・ビズノー」**と紹介されているのを見て、みんなで笑った。

誰も僕たちが首の皮一枚で生き長らえていることを知らない。このチャリティーオークションに自分たちの生活がかかっているようなものだ。ずばり言うなら、自分たちのクレジットカードの命運が**オークションにかかっている**のだ。

小さなアパートでブレインストーミングをするうちに、オークションの戦略が具体化してきた。

「ミュージシャンのワイクリフが勝者をレコーディング・スタジオに案内するのは？」

「いいねえ！」

「俳優のエイドリアンが、『アントラージュ★オレたちのハリウッド』のセットに勝者を案内するのはどうかな」

「イケる！」

「ワールドカップのチケットを提供してくれそうな人を誰か知らないか」

「いるいる！」

「飛行機でのパラボリック・フライト（放物飛行によって短時間だけ無重力状態を再現する）

は？」

「奇抜だねえ、イケる！」

「元大統領に支払う25万ドルはカバーできるかな？」

「……わからない！」

そのときアイディアが浮かんだ。１９９２年のトーク番組『アーセニオ・ホール・ショー』で、クリントンがサングラスを掛けてサックスを演奏していたのを思い出した。この番組出演で一般の好感度が上がり、大統領当選の追い風となった。

そこで僕たちは１５０ドルのサクソフォンを2個購入した。オークションでの切り札としてこの楽器を登場させようと考えたのだ。これに元大統領のサインをもらうことで、スタートラインに立てる。

でも、それがうまく行っても、僕たちは金がないままイベントの夜に臨むことになる。クリントン元大統領にイベントに出演してもらうからには、どうしても出演前に金を払う必要がある……彼がイベントに登場するまでに何とかしないと。

僕たちには資金源が必要だ。幸い、イベントへの参加を心から望み、僕たちの支援のために喜んで小切手を差し出してくれる人たちがいる。それでも当初僕たちは彼らに支援を求めるのをためらった。今さらどの顔で頼めばいいんだろう。

だけど僕たちは自由主義国アメリカの元リーダーを招いて注目度の高いイベントをプロデュー

スしているんだから、成功させるためには資金援助を頼むしかない。頼まなければ何も得られない。そこで自分たちの体面は脇に置いて、支援してくれそうな人たちに連絡した。チケット代として10人全員から1人当たり1万ドルもらい、当面の頭金を支払って誠意を見せて、元大統領の側近たちが機嫌よくしてくれるよう祈った。

エリオットは地下鉄に乗って、ニューヨークのハーレム地区にある元大統領のオフィスに行き、彼のスタッフとスケジュールについて話した。

「ええ、それと頭金ですが……」とエリオット。

「今現在は現金が手元にありません。とりあえず10万ドルでよろしいでしょうか？　そうしていただければ、残りを全額募るためのイベントを準備する時間ができます」

クリントンのスタッフは多少不安に思ってはいたが、話のわかる人たちだった。エリオットは元大統領にサインを書いてもらうよう彼らにお願いして、2個のサックスを置いていった。

ビーガン料理のシェフ

同じ頃、ジェフとブレットは、ブライアント・パークのフードフェスティバルに向かっていた。イベントに向けて、料理のコンセプトを立てないといけない。クリントン元大統領は心臓に血液を送る冠動脈の手術をしてから健康オタクになっているので、ビーガン（完全菜食主義）の食事を作れる著名なシェフを見つけたほうがいいと考えた。

ジェフはトム・コリッキオがフードフェスティバルの料理を担当していることをうわさで聞きつけた。コリッキオはグラマシー・タバーンを創設したシェフで、この店はニューヨーク一の人気店に3度選ばれている。

〝構うもんか、誘うのはタダだ〟とジェフは意を決した。

ジェフとブレットは農産物直売所のようなものを想像して公園に行ったものの、お堅いイベントで腕章のない人は入れない。要所に警備員やボディガードがいて、ジェフにもブレットにもパスポート代わりにその人の名前を挙げたら入れてもらえるような有名人の知り合いなんていない。

そこで2人は、金に飢えた20代初めの若者らしい行動に移った。フェンスを飛び越えたんだ。すると、向こうでコリッキオがVIP（要人）に料理を作って見せているところだった。

「よしジェフ、低くかがんでいよう」とブレット。「ゆっくり横から入るんだ。彼のプレゼンが終わったら、いいか――」

「コリッキオさん！」とジェフが声を張り上げた。「あなたにクリントン元大統領の食事を作ってもらいたいのですが！」

この提案に驚きながらも興味を持ったコリッキオは、プレゼンの途中で手を止め、ジェフとブレットに振り返って、大声で返した。「面白そうだね」

「料理はビーガンでお願いします！」とブレット。

「クリントンは心臓手術を受けたものですから」とジェフ。

「私はチャレンジが好きなんだ。うちのスタッフに電話をくれ」

こうしてコリッキオはビーガンのパーティー料理を担当してくれることになった。

食事は何とかなりそうだが、まだ資金的には穴の底から這い上がれないでいる。イベントの朝、目覚めた僕たちの脳裏をまずよぎったのは、クリントン財団に支払う出演料の残り15万ドルだ。そしてこれを集めるために、150ドルのサクソフォン2個にすべてを託すことになる。

15

元大統領のお出まし

東洋風のじゅうたんと、ビロードのとびきり大きなソファーがマンション最上階の邸宅のリビングを占拠していた。床から天井まで覆い尽くす窓と窓との間の壁には、精巧な芸術作品が掛けてある。窓からはマンハッタンの繁華街の地平線が見渡せて、下から街のかすかなざわめきが夏の夜の生暖かな空気に運ばれてくる。

参加者がエレベーターから1人ずつ出てきて、宮殿のような広間に入っていく。彼らが知り合っていくうちに、会場に活気がありありとみなぎってきた。活気の一部は部屋の中にいる人たちの持つパワーのおかげだが、実際のところ、その大半は元大統領に会えるという期待感によるものだ。

何週間も前から、僕たちは電話で「元大統領に会いたくありませんか」と参加者に何気なく打診してきた。でも、平静を装っていながら、その裏にある本音は違った。僕たちだって元大統領に会ったことなんてないから、みんなと同じく興奮していたんだ。僕たちは考え方が近い初対面の人同士の間をうまく立ち回って取り持つことはできる。ただ、その中の1人が誰もが知るような影響力のある人物となると、さすがに頼るべきマニュアルはない。

「ご承知でしょうが」と元大統領の補佐官がエリオットに言った。「あなたから参加者の皆様にクリントンを紹介していただきます。クリントンにはその方がどなたで何をしている人なのかを伝えて、間を取り持ってください」

エリオットは参加者リストに載っている各人の経歴を頭に叩き込んだ。できる限りの準備はしたが、元大統領がドアを開けて入ってくると、頭が真っ白になってしまった。無防備な状態になったが最後、普段通りに振舞うしかない。挨拶をしようと元大統領と面と向き合い、これで**面識がある**という既成事実ができあがった。妙な自信に体を包まれた気分だった。

一目置かれるエリオット

写真撮影の行列ができ始め、エリオットは元大統領と各参加者の間に立って雑談しながら紹介役を務めた。会話のたびに、エリオットは何かこれまでと違うものを感じた。自分はもうカジノ・

フロアのエリオットじゃない。進化したんだ。

突然、近づく人たちから一目置かれるようになった。元大統領に対してだけでなく、自分に対しても尊敬の目が向けられる。これまで、誰からもこのように扱われることはなかった。

「ステファン、喜ばしいことです。クリントン元大統領とついにこうしてお話しできる機会が持てて……」

「大統領閣下、こちらはジェシカ・ジャックリー、インターネットを通じてマイクロクレジット（少額融資）を行うキヴァの共同創業者です」

「ワイクリフ、お会いできて嬉しいです。元大統領をご紹介します」

「大統領閣下、ご紹介します。私のメンターである……」

僕たちはこの日の朝二段ベッドで目を覚ましたのに、ユーチューブの創業者を元大統領に紹介している。互いに会ったことのない大成功を収めた人たちを結び付け、そうすることで僕たちは同じレベルまで成功した気分になった。

普段はベーグルで空腹をしのいでいるし、当日の朝二段ベッドから出てきたときの僕たちと何ら変わっていないのに、僕たちを**見る目**がこれまでと変わり、おかげで本当に自分たちが変わった気になった。

写真撮影の行列が終わり、クリントンはスピーチの準備ができた。みんなは床やソファーに座ったり、ソファーの背もたれや後ろに寄りかかったりして、誰も元大統領から30フィート（約

9メートル）以上離れようとしなかった。

ビル・クリントンは、部屋にいる一人ひとりが自分に声をかけられているような気持ちにさせるすべを持つそうで、それはきっと彼が会った人誰にでも深く興味を持つからなのだろう。彼のスタッフから聞いたのだけど、クリントンはスピーチのため壇上に立ったら、紹介された人たちを頭で整理し、部屋のムードを和ませるために即興で話すそうだ。コップ1杯の水とマイクさえあればいい。

僕たちはビル・クリントンが当時「スピーチのマイケル・ジョーダン」と呼ばれていた理由がわかった。未来のビジョンを明確に伝えるだけじゃない。そのビジョンをサミットの今後への希望と結び付けて、リハーサルを積んだ大統領の演説みたいに見事に伝えるんだ。

彼はこう強調する。世の中はつねに変化しているが、古い価値観や視点に縛られている人は変化を恐れる。こうした人たちは競争というレンズを通して世界を見ているが、本当に必要なのは、もっとお互いを信頼し合うことだ。より多くの人と手を組むほど、ほかの人にとって欠くことのできない人間になれる。積極的に相互関係を築き上げることで、より多くの連帯が生まれて平和につながり、そこからより多くの理解が生まれて、豊かさへつながっていく。

まるで自分たちのために書かれた一般教書演説を聞いているみたいだった。深くて学びの多いスピーチに、誰もが肩を組んでスタンディングオベーションを送りながら感謝の気持ちを伝えた。

元大統領は予定の倍も長く参加してくれた。ところが、彼が会場を離れたとたんに、一部の人たちが帰宅の準備を始めた。それはまずい。大統領に支払う15万ドルを集めないといけないのに、オークションは始まってもいない。僕たちは胃がねじれそうだった。

「今夜のイベントが終わります前に」とジェフがすかさずアナウンスした。「すばらしい理想のために大変意義深いことを行う絶好の機会がございます……チャリティーオークションを始めましょう！」

4万ドルのサクソフォン

品物を提供しようと言ってくれた数人以外は、誰もオークションがあるとは知らなかった。僕たちは困惑する参加者に席に戻ってもらって、すぐに入札の手続きを始めた。

用意していたアイテムを、みんなは気に入ってくれたようだ。こちらの虚勢を楽しんでくれて、僕たちは胸をなで下ろした。ワイクリフとのレコーディングセッションや、エイドリアン・グレニアーとの『アントラージュ★オレたちのハリウッド：ザ・ムービー』のロケ地訪問などの特典を知って、みんなは夢中で入札した。

ところが、2個のサクソフォン以外すべて売り切ったのに、わずか7万ドルしか入っていない。元大統領の出演料を支払うにはあと8万ドル必要だ。この額を4人で肩代わりすると、1人のクレジットカードで2万ドルとなるが、銀行はまだ僕たちにそこまでの貸付限度額を与えてくれていなかった。しかも、誰かに頼んで借りられたとしても、どう返済していいかもわからない。

そこで切り札の出番だ。ビル・クリントンの直筆サイン入りのサクソフォン1個。エリオットが競りを始め、プッシュしていく。しかし、思ったよりもサクソフォンに食いつく人は少なく、入札者はたちまち減っていった。

エリオットはギアを上げるしかない。クリントン財団のすばらしい仕事ぶりについて称え、この寄付金はアフリカの子どもたちの保護からマラリア対策、気候変動と戦う企業の支援に至るまでのすばらしい大義に役立てられると訴えた。

「さあ、世界を救いたいと思う人はいませんか」

僕たちを救ってほしいと言っているのが、みんなには見え見えだった。

アスペンの最初のオークションで初めて僕たちを助けてくれた、ミケル・ヴェスターガード・フランゼンも部屋にいた。リンクシェアの元CEO、ステファン・メッサーもいる。彼は僕たちのことを気に入ってくれていた。

エリオットとジェフはこの2人に的を絞った。

「2万5000ドルでどうですか」とエリオットはステファンに声をかけた。「目が釘付けになってましたよね、ミケル。3万でどうですか」

ミケルは微笑んだ。彼は誘いに乗ってくれた。アスペンですでに僕たちのオークションを見てくれていたおかげだ。

「ステファン?」

みんながステファンに喝采を送っていて、彼は目を白黒させそうになった。

「3万5000ドルでどうですか」

彼はしぶしぶうなずいた。

「ミケル、4万と口元が動いたようだけど。そうですよね！」

ミケルは微笑んだ。

「ステファン、4万でどうですか」

彼はうなずいた。

できる限り2人を押したところで、エリオットが宣言した。「うれしいニュースです！　みなさんにすばらしいお知らせがあります」と言って彼は間を置いて緊張を鎮めた。

「実はサイン入りのサクソフォンは**2個**ありまして、お二人とも1個ずつ受け取れます」

会場に笑いが巻き起こった。その頃には会場の誰もが夢中になっていた。

「ステファンとミケルに大きな拍手を送りましょう。それぞれ4万ドル、チャリティーに8万ドル寄付していただきました。あなた方はお二人ともチャンピオンです！」

僕たちはオークションでついに15万ドルを集め、クリントン財団に支払うことができる。**これで**窮地から脱した。イベント後の夜を、安心して過ごすことができた。借金を負うこともなく、またしてもチャリティーで25万ドル集めた。

クリントンからの着信

その翌日、ジェフとの散歩中に、クリントン元大統領からエリオットに電話がかかってきた。まさかの電話だ。儀礼的なお礼の言葉じゃない。調子はどうだとかけてきたんだ。

〝クリントン元大統領が俺と雑談を〟

僕たちは驚きのあまり、どう返事していいかわからなかった。エリオットからとっさに出た言葉は、「おかげさまで好調です。ヒラリーとチェルシーはいかがですか」だけ。

3カ月前、僕たちは同情してくれたメンターから食事をおごってもらっていた。それが今、エリオットとジェフは元大統領と友人みたいに話している。

やっと僕たちは会場の一員になった気がした。

僕たちはついにニューヨークをあっと言わせてやったんだ。だからこの街にずっと残っていてもよかった。自分たちがもたらしたこの勢いを味わって、自分たちが呼び込んだ成功にどっぷり浸かるのも悪くない。でも僕たちは安住よりは成長を強く望んでいたし、マンハッタンでできる限りのことはやり切ったと感じた。

そこでアスペンのイベントで得たわずかな収益で、僕たちは旅に出ようと決めた。あんな恐ろしいことが待っているとも知らずに。

16

アメリカを離れて考えたこと

ティム・フェリスのベストセラーになった『「週4時間」だけ働く。』に刺激を受けて、僕たちはおのずと中央アメリカへの片道切符を買って、出発した。

ティムの本には、海外の遠く離れた場所で、自分の金を最大限に生かしてビジネスを立ち上げるコツがたくさん書かれている。この424ページの本には行く手にはだかるサソリや雷を伴う嵐についての覚悟は書かれていないけど、もっと価値あることを教えてくれた。

それは〝もやい綱《づな》を解き放て〟ということ。元々は作家のマーク・トウェインが残した言葉だ。

もやい綱とは船を波止場に安全に結びつけるロープのこと。この言葉が伝える意味は、海岸との安全なつながりを断って、リスクをものともせず広大な海に船出すれば、新たな発見や冒険に出会えるというものだ。

同様に僕たちは、ひとたび家という安住の地を離れることで、新たな機会に身をさらし、まったく新しい自分に進化できそうに感じた。快適な場所に留まっていても、自分の中の新たな部分を発見することはない。それに僕たちは、二段ベッドで眠る世間知らずの生活をこのまま続けているわけにもいかない。

ジャングルの洗礼

ブレットとジェレミーはニカラグアの南西部の海岸に、この世のものとは思えないほどの〝フィンカ〟を見つけた。〝フィンカ〟とはスペイン語で「農場」の意味だが、中央アメリカでは荒野をほのめかす言葉でもあることを僕たちは知らなかった。

サン・フアン・デル・スルという街の外れの舗装していない道をシャトルバスで延々と走る間、僕たちは目を丸くして窓の外を見つめた。丘の上の人里離れた一軒家に着くと、ホエザルが出迎えてくれた。

停留所でシャトルバスが止まるやいなや、僕たちは走って中に入り、これから数カ月間暮らすことになる美しい家を夢中で堪能した。家は丘陵の高みにあり、サン・フアン・デル・スルの街を一望できて、裏手には真っ青な海が広がっている。敷地の中心には広大なプールがあり、大きな寝室がいくつもある建物がその周りを囲っている。

こんなすばらしい場所を見つけることができて、何という幸運だろう。

僕たちは、マンハッタンのコンクリートジャングルから熱帯の本物のジャングルに移ったことに胸を躍らせた。ところが、キッチンの周囲で誰がどの寝室にするか決めているとき、ある招かれざる客から横やりが入った。

アリだ。柱に数匹どころじゃない。**何百万匹**が厚い群れとなっていて、まるでこっちに向かってやぶの中からカーペットが丸まって押し寄せてくるように、中庭を越えて家に入ってきて、壁を伝い天井まで上がってきた。そのすべてがほんの数分のことだ。

「一体あれは何なんだ?」

「あんなの見たことないぞ」

「どうやってここで暮らせっていうんだ」

10分後、何かの合図に反応したのか、アリはまるで何事もなかったかのように、一匹残らず集まってやぶに戻っていった。僕たち4人はぼうっと見つめ合いほっとひと息ついて、荘厳な家をまた見て回った。ここで暮らせば1人当たり1日16ドルもかからない。再び気持ちは高揚したものの、アリの大群を見て迷いも出てきた。

「ボカラトンよりはマシさ!」

「ここで頑張ろうぜ」

僕たちは交代で探索し、クモや甲虫、カマキリに遭遇したことを報告し合った。至るところに新たな発見がある。

「誰か見たか？　プールに40ポンド（約18キログラム）のヒキガエルがいる」

「ホエザルの鳴き声がまだ聞こえてこないか？」

「ああ、慣れるさ。ジャングルにようこそ、って言ってるんだよ」

誰か1人がひるむと、ほかの3人が飛びかかって頑張れと声をかける。そんなことをしながら、みんなが部屋で荷物を開けてひと息ついたところに、扉がバタンと強く閉まる音がした。

ジェレミーが服をしまおうとクローゼットを開けると、鼻先から数インチのところで扉にサソリが付いていた。思わずのけぞって扉をバタッと閉めたんだ。

「やめよう、もう無理だ。これじゃうまく行きっこない」と彼は叫んだ。「〝フィンカ〟という記載のない場所を探そう」

誰かの人生を動かす

僕たちが連絡を取ったオーナーはとても話のわかる人で、不動産屋を紹介してくれた。不動産屋は寝室が4つある家を教えてくれたのでひと安心した。サン・フアン・デル・スル外れの半島にある家で、湾から太平洋まで、息をのむような光景が見渡せる。空気に漂う潮の香りを感じていると、僕たちは何でもできる気がしてきた。

だけど、僕たちはただ休暇のために来たんじゃない。仕事のために来たんだ。新居に移ると、僕たちはすぐさま調子が出てきて、日常で気を散らすものがないと、どれほど効率よく仕事ができるかを実感した。

長時間働いてたくさんの成果を出し、サーフィンしたり体にいいものを食べたり、ラム・ダスの『ビー・ヒア・ナウ　心の扉をひらく本』や、『アルケミスト　夢を旅した少年』とか『シャンタラム』みたいな旅の本の傑作を夢中で読んだりの毎日。瞑想について知り、大きなアイディアから小さなアイディア、実践的なアイディアからばかげたアイディアまでを夜遅くまで話し合い、本当の意味で団結した。

ニューヨークでは打ち合わせに奔走して何かの機会があるたびに飛びついていたが、ここではサミットの長期的なビジョンについて考え、次のイベントの企画に集中して取り組んだ。

僕たちは次の集まりの規模を参加者250人にまで拡大しようと考えて、開催地にマイアミのサウス・ビーチを選んだ。ブレットはみんなから電話で今何をしているのか聞かれたとき、喜んでこう答えた。

「実は、サン・フアン・デル・スルの海を眺めながら、次のイベントに取り組んでいるんです……あなたもご一緒しませんか？」

僕たちはすっかりこの地に馴染んで人々を招くようになった。最初に招いたのはティム・フェリスだ。僕たちにもやい綱を切るよう教えてくれた人だから、最初に招くのは当然だろう。

彼は僕たちのオアシスに触発されて次の本に取り掛かる。彼を招いて過ごした日々は、僕たちにとって大きな自信となった。僕たちはティムの本から**彼が**見つけたものを教わったが、今度は**僕たちが**見つけたものを彼に教えている。自分たちでも誰かの人生に影響を与えられるのでは、と思うようになった。

一人ひとりが個人として大きく成長する時期でもあった。これまでも互いの考えをオープンに受け入れてはいたけれど、ある決定的な出来事を機に、僕たちは自分たちが作っているものを厳しい目で見るようになった。それは嵐だ。

雷雨に遭って

ある午後サーフィンをしていると、ピカッと光る稲妻に続いて遠くで雷が鳴った。雷雨は安全な場所にいて窓から見るには美しいけれど、広い海にいたら話は別だ。美しいと見とれている場合じゃない。

僕たち4人はサーフボードに乗ったまま集まって、今がどれくらい危険な状況か話し合った。パニックになりかけたやつがいたので、エリオットがすぐに感電死する心配はないからと言ってみんなを安心させた。

雷がどれくらい離れたところで落ちているかは簡単な計算でわかる。稲妻が光って雷鳴がとどろくまでの間に何秒かかったかを計ればいい。この法則によると、1秒ごとに1マイル（約1・

6キロメートル）離れていることになる。

次に稲妻を見たとき、雷が鳴るまで数えると5秒かかった。つまり嵐は5マイル（約8キロメートル）先ということだから、サーフィンを続けていても大丈夫だ。だが次に稲妻が見えたとき、近づいてきたようだった。雷は2秒後に鳴った。計算すると、稲妻はまだ2マイル（約3・2キロメートル）先にある。

この計算方法は有効なはずだったが、僕たちは間違って使っていた。後でわかったのだけど、稲妻と雷までの1秒の間に、実際は嵐との距離は5分の1マイル（約320メートル）しかない。どうりで稲妻がほとんど頭上で落ちているかのように不吉にとどろいていたはずだ。

僕たちは何かが間違っているから、**すぐに**陸に戻ったほうがいいと判断した。風が大きな波を作って顔に打ち付けてくる。僕たちは死にもの狂いで小さな金属製のボートに飛び乗った。サーフィンに打ってつけの波に近づこうと1日レンタルしていたのだけど、今思えば、あの日にはふさわしくないボートだったかもしれない。入り江から出て港に戻るのには不向きだった。

嵐は僕たちの周囲の何もかもを包んだ。救命具を踏んでいたエリオットは、稲妻がボートのそばに落ちて電流が救命具を突き抜けないよう祈った。稲妻が光るたびに、僕たちは体中の毛がちりぢりに焦げてしまうんじゃないかと怯えた。

小さなモーターを旋回させ全速力で海を突き進んだ。いつどこに次の稲妻が落ちるともわからない。ロシアンルーレットをやっているような気分だ。海岸線に沿って進んでいると数秒が数時間にも感じられ、やっと港が見えてきた。頭上で耳をつんざくような稲妻が響く中、少しずつ海岸線に向かって水面を切りながら進んだ。

やっと波止場に着くと、僕たちは歓声を上げて、助かったことに感謝して抱き合った。避難所に逃げ込むと、体中から雨と海水、冷や汗が滴り落ちた。

あの瞬間を思い起こすたびに、僕たちは自分自身と自分たちが向かう方向を見つめ直すことにしている。水平線の先に見えなかったものは何だろうか。どんな間違った想定を立てていたんだろうか。なんで間違った方向に向かったんだろうか。

自分たちのやり方を見直すよう肝に銘じたことは、マイアミでの次のイベントを準備する際に、大いに生かされた。

もう1つの稲妻

これを機に修正したことの1つとして、チケットを買ってもらうのに一人ひとりに電話をかけて招待するようにした。僕たちはアスペンでみんなを怒らせてしまった失敗を機に、一斉メールを送ることをやめた。電話で直接会話することによって、相手の求めているものがよりわかるようになった。

僕たちの最大の支援者の1人、教育企業ブラックボードのCEOマイケル・チェイスンも、そのような電話でマイアミのイベントに招待した。

エリオットが初めてマイケルに会ったのは、数年前ビズノー・メディアで働いていた頃、場所はワシントンDCの住宅街デュポン・サークルだ。エリオットは窓のないオフィスに戻る途中で、マイケルはクリーニング店に服を預けているところだった。

エリオットはマイケルに気づくと駆け寄って自己紹介し、クリーニング店でいきなり自分のことを売り込んだ。そこからエリオットの友達でありメンターとしての関係が育まれ、以来マイケルはほとんどすべてのサミットのイベントに参加してくれている。だから今回も来てくれると思っていた。

ところが、「気が乗らないね」とマイケルは言った。

「私はこれまでの3回のイベントで、すばらしい人たちに会ってきた。生涯続くような関係はもう十分できた」

彼の返事は先日の稲妻のように、どこからともなくいきなり襲ってきた。

「これまでのイベントは有意義だったけど、君たちはあまり成長していない」

アスペンのイベントでは3つのプログラムを1日に詰め込んだ。それを「大学に行ってたった1つのコースしかないようなものだった」とマイケルは言うのだ。彼は続けた。

「本気でイベントを開催する会社になりたいなら、参加者が戻ってきたいと思うようなコンテンツを毎回作らないと。ほかのイベントを見たことある？　君たちは君たちのオリジナルをやればいいけど、ほかのイベントから学べるものもある。週末に3つのプログラムをやるだけじゃダメだ。本物の中身が詰まったものを、たくさん作ってくれないと」

電話を切った僕たちは頬を平手打ちされた気分だった。僕たちは安易に過去に成功したものばかりを取り入れていた。

〝マイケルは僕たちのしていることを無条件に受け入れているわけじゃなかった〟と僕たちは反省した。僕たちはサミットを参加者主導ととらえていた。みんなをただシンプルに集めて、本物の関係を築いてもらう場だと考えていた。だけどマイケルは参加者主導だけでは十分じゃないと教えてくれた。

もしアメリカに戻っていたなら、今の言葉は1人の意見として心に留め、気にせず前に進んでいただろう。でもサン・フアン・デル・スルで、僕たちはゆっくり、じっくり考えるモードになっていた。

そのとき読んでいたのはエックハルト・トールの『ニュー・アース』だ。トールの大きなメッセージは、思考は本当の自分じゃないということ。思考の裏の客観的な意識こそが本当の自分であり、自己表現の方法は変えることができる。そしてこれまでの経験や過去の傷、欠点などに縛られることはない。臨機応変に機会を見出せばいい。マイケルのフィードバックに対して、僕たちはまさにそうした。

コンテンツを生み出す

これまでのやり方をじっくり振り返り、マイケルの言う通りだと思った。僕たちに絶対に必要なのは、コンテンツだ。みんなに物語を伝え、みんなにとって学びがあり、みんなに影響を及ぼすようなコンテンツ。

僕たち4人は、自分たちがさまざまな分野で深い洞察力を持ち合わせているなどと見栄を張ったりしない。深い洞察力はコミュニティから生まれるものであって、僕たちの役割はこれを広範囲に伝えることだ。どうしたらそれができるだろうか。

僕たちはやり方を見直し、サミットを参加者の交流を主体とするイベントから、さまざまな分野を学ぶフェスに変えようと決めた。いろんな人たちを招いて講演をしてもらうことに加え、その先を考えないといけない。知的な講演会だけじゃなくて、音楽、アート、料理体験についても検討したい。

僕たちはこれまでのやり方を、1つずつの要素に丁寧に切り分けた。この時期は僕たちがステップアップするのに決定的な役割を果たしたといえる。

そのとき以降、僕たちがやることはもう起業家を集めて出会いの場を作ることだけじゃなくなった。参加者に電話して、どんなコンテンツを望むか聞いていくうちに気づいたのは、誰にだって教えたいことや学びたいことがあるっていうことだ。

コミュニティのみんながカバーする多彩な分野を調べて、その中から参加者全員にとって有益な素材を見つけないといけない。多様な素材を用意して、それぞれの参加者にとってワクワクする体験を選び取ってもらえるようにしないといけない。

従来の公式を放棄して、僕たちは多くの新たなやり方を生み出すことを自分たちに課した。すると、自分たちの最大の弱点の1つが浮き彫りになるのだった。

17
女性がいない

サミットは僕たちの個人的なネットワークにとどまらず、**その**ネットワークからまた別のネットワークへと幅を広げていった。僕たちは中流階級の若者4人でスタートしたので、自分たちのネットワークは、ほかの似たような若いスタートアップの人たちを巻き込む形で拡大していった。

僕たちが女性2人に男性2人で起業していたら、サミットはもっとジェンダーを意識した構成になっていただろう。でも、集まった僕たちは4人とも若くて世間知らずな男たちだったし、仕事の場面で女性が過小評価されてどんな思いでいるかも大学では教えてくれなかったし、そういうことを自分で学ぼうともしてこなかった。

だから今、僕たちは学ぶだけじゃなくて、理解できていなかった教訓を実践したいと考えた。

偏った男女比率

過去のイベントを振り返ると、数字が厳しい現実を物語っている。これまでプロデュースした3つのイベントでは、女性参加者は20パーセント未満だった。統計は否定できないし、これを認めないと前に進めない。

もっと女性が歓迎されていると感じてもらえるような環境を作らないといけない。ジェンダーのバランスと中身について、これまでのやり方を見直す必要がある。かといって、実際にどうしたらいいのかわからなかった。

イベント参加者の男女比率を改善したいと心から思っても、ほかの難題に挑んだときと同じ方法で解決できるような問題じゃない。男性を念頭に置いた配食サービスのオプションや音響の設定を見直せばいいってものでもない。指をパチリと鳴らせばできるわけでもない。メールを送ったり、会議室で打ち合わせをしたりするだけではどうにもならない。

イベント参加者の多様性や一体感を高めるためには、大きな変化が必要だった。根本を大きく変えないといけないし、そうするには時間がかかる。数年前に始めておくべきだった。

僕たちの何が間違っていてどう修正すればいいのかを、女性の友人たちに尋ねてみた。するとわかったのは、イベントに参加する女性がほとんどおらず、僕たちの会社に至っては女性メンバーが皆無であることに、彼女たちの多くが失望していたということだ。

さらに僕たちは、女性のリーダーたちが望むコンテンツや体験は何か、どうしてそれが提供できていないかを教えてもらった。イベントに来た女性たちが、自分たちが大事にされた、仲間に加われたと感じるような環境を作ることが重要だった。

次のマイアミのイベントまでに、僕たちは大きく変わらなくちゃいけない。改善できるかはコミュニティにかかっている。

そのとき予期せぬ機会が訪れた。僕たちの状況をぐるりと180度変えてくれるような機会だ。

鉄道車両でのイベント

僕たちはテキーラのブランド、パトロンを訪ね、マイアミのイベントのスポンサーになってもらう機会をうかがっていた。パトロン側は、残念ながら出資することはできないが、自社製品は喜んで提供したいと言ってくれた。僕たちが帰る頃、ついでにもう1つ特典を与えたいと向こうは言ってきた。

20人のイベントを開催できる鉄道車両があるので、1日お貸しできますとのことだ。しかもただの古い客車じゃない。1927年製の鉄道車両で、オーナーはパトロンの創業者で億万長者のジョン・ポール・デジョリア。彼は200万ドル費やしてこれを改装した。

個室が3つと展望室が1つあって、美しい織物が敷かれ、手彫りの木製品が置かれている。

100年前にイスラム教国君主であるスルタンがバリ島を旅するのに使用した列車のように見える。

この車両は現在ロサンゼルスに停車しているが、定期的に運行するアムトラック（全米鉄道旅客輸送公社）の列車の最後尾に接続できて、車掌車のような乗り心地だそうだ。僕たちがよければ、サンディエゴまで旅をして戻ってくることもできる。しかも無料でお貸しできます、とのこと。

僕たちは胸を躍らせた。1日これを自由に使える。どう使うか考えなくちゃ。

そのとき、これは自分たちが軌道修正するのに最適の機会だってことに気づいた。特別な体験を提供できて、しかも女性の起業家にそれを味わってもらう。関わった人誰もが、特別な扱いを受けていると感じてくれるんじゃないか。

このイベントでは**僕たち**4人が男性で、20人の参加者は女性ということになる。僕たちはどんな気持ちになるだろうか。今度は僕たちが男女比率のアンバランスに居心地の悪さを感じるかもしれないし、しかも部屋で20人のリーダーに囲まれて新人になった気分も味わうだろう。彼女たちはすでに世界に影響を及ぼした人たちであり、その人たちから謹んで学ばせてもらえる。

列車の旅のほかにも、僕たちはサンディエゴの港のそばでも参加者たちに冒険してもらおうと決めた。ジェフのアメリカン大学時代のサッカーのチームメートが船の貸し出し業を営んでおり、ヨットを安く貸し出そうと言ってくれた。帰りの列車に乗る前に、1時間半ほど海を楽しむことができる。
エリザベス・ゴアなど以前に僕たちをレベルアップさせてくれた女性たちが、オールスターを集めてくれた。参加者リストの人たちは、自分の後に続く次世代の女性たちを生もうと力を入れている。次の人たちだ。

クリステン・ベル：俳優で、後にアニメ映画『アナと雪の女王』のアナの声を担当し、数多くの若い女性たちを元気づける。

アレクシス・ジョーンズ：活動家で、世界中に276の支部があるアイ・アム・ザット・ガールという慈善団体を立ち上げた。この団体は多くの若い女性たちが直面する完ぺき主義の問題と戦っている。

ノア・ティシュビー：俳優でアメリカのケーブルテレビ放送局HBOのドラマ『イン・トリートメント』のプロデューサーであり、映画業界にいる女性たちのメンターを務める。

ケイト・リー：大手エージェンシーICMの著作権エージェントであり、ウェブサービスのミディアムの重役。初のインターネット・ライターを輩出して出版業界に大きな影響をもたらした。

理想のキャンバス

僕たちはニカラグアの家に別れを告げて、ロサンゼルス行きの飛行機に飛び乗り、翌日の午後には列車のプラットフォームで参加者たちを迎えていた。そのとき、学ぶべきことの多さをいきなり思い知らされた。

そもそも僕たちの身なりが最初から間違っていた。20人の女性はエレガントな服装だったのに、エリオットはテニスのハーフパンツとクロックス、ジェレミーは破れたジーンズというありさまだ。しかも、列車に乗りサンディエゴに向かって駅を出発したとき気づいたのだけど、周囲から発せられる会話が、僕たち内輪だけの会話とは全然違う。ニュアンスに富み、どこまでも繊細なんだ。

考えてみれば、これまでのサミットのイベントと似ているテック系の巨大なイベントの参加者は大体80パーセントが男性で、通路で聞こえてくる会話も男性が主体だ。

僕たちはそういうのとは違うタイプのイベントを作りたくなった。体験を通じて、一人ひとりが望む道が開かれるような環境を提供したい。男性と同様に女性にとっても魅力的で心地よく、お手本となるようなキャンバスを作るのが僕たちの仕事だ。

ロサンゼルスに戻る列車で、車両の中はもう自分たちの居場所じゃないことに気づいた。僕たち4人の気の利かない若造なしで、女性たちにリラックスしてもらおうと思った。そこで裏口のドアから失礼して、彼女たちに場所を譲った。

ウェス・アンダーソン監督の映画『ダージリン急行』の一場面のようだ。僕たちは車掌室の後部で髪を風になびかせながら、時速100マイル（約160キロメートル）で沿岸を走っている。互いの話はかろうじて聞こえる程度だが、最後は言葉もいらなくなった。

僕たちは相手のためにスペースを作ることの大切さを学んだ。その場を離れることでむしろ前に進める場合があるんだと、ようやく実感できた。

18

木を植えるように

古代中国のことわざにこういうのがある。「木を植える最善の時期は20年前だった。次善の時期は今だ」。つまり、特に時間がかかることは、早く始めるに越したことはないってことだ。

２００９年11月のマイアミのイベントは、中央アメリカで僕たちが夏の間に修正してきたすべての集大成だった。だからといって、変化が誰の目にも明らかだったわけじゃない。木を植えるようなものだ。初めは土の中で育っているから何も見えない。そのうち根っこが広がっていき、それからしばらくして若木が生えてくる。３年が経てば、ぐんぐんと伸びるさまを目の当たりにできる。

どんなビジネスにとっても、このような忍耐の必要性を理解しておくことは重要で、特に植えた木が実を結ぶまでかろうじて耐え忍んでいく時期にはなおさらだ。

イベント規模を倍に

アスペンでの前回のイベントは少し堅苦しかったので、次はなるべく気楽なものにしたかった。みんなには休暇で来たような気分になって、ニカラグアのサン・フアン・デル・スルで僕たちが感じたみたいな自由を満喫してほしかった。同時に、マイアミのイベントを機にイベントの中身を多様化して、女性たちが主体的に動ける機会を作りたかった。

そこで僕たちは、マイアミのサウス・ビーチにあるリッツ・カールトン・ホテルに会場を予約した。はっきり言って、そこは決してリッツ・カールトンの中で最上の部類ではなかった。数年後に改築することもあり、当時このホテルが提供してくれたのはスペースくらいのもので、その中で僕たちがいろいろと創意工夫を凝らすしかない。

よく言えばまっさらなキャンバスなのだが、招かれた人たちがそこにどんな絵を描くにせよ、ちょっとさびれたキャンバスだった（言葉遊びではなく、ホテルは**文字通り**塗装する必要があった）。

僕たちは参加者の数をアスペンの120人からマイアミでは250人と倍にした。それは費用も倍になるということだが、資金不足はその分いろいろな創意工夫のアイディアにもつながる。

僕たちにはリッツ・カールトン・ホテルに250人分の夕食代を支払う余裕はなかった。そこである晩には、ホテルから4分の1マイル（約400メートル）先に手ごろな価格のアール・デコ調の屋敷を借りて、食事をケータリングしてもらうことにした。夕食会場までの移動代を浮かせるために、みんなに10分の道のりを楽しんでもらう散歩を日程表に組み込んだ。

僕たち250人全員が、リッツ・カールトン・ホテルから石畳の道を歩いて古い佇まいの家々を通り過ぎ、エスパニョーラ・ウェイの夕食会場まで散歩する。小雨が降っていたため、初対面の人たちが一緒に傘に入って距離を縮めている。みんなの陽気な姿に、歩道を通りがかった人たちも加わりたそうにしていた。

これはみんなにとって特別な瞬間、というか瞬間では言い足りないくらい影響の大きい出来事だった。実際、これはその先10年も続く夕食パレードの始まりとなった。中でも数年後にミュージシャン、ジョン・バティステが鍵盤ハーモニカを吹きながら先頭を歩いた山の頂上のパレードは、伝説として語り継がれている。

会議のモデルを壊す実験

僕たちは、会議はこうあるものというモデルを壊すような実験を試みるようになった。会議は会議室でやらなきゃいけないんだろうか。そもそも会議室なんて必要だろうか。

僕たちは参加者をチーム に分けて、サウス・ビーチの至るところでスカベンジャー・ハント（制限時間内に、リストの品を探し出す競争）を行った。企画した人間が箱の中に入ってビーチに埋もれていて、勝ったチームが彼を掘り出してゲームは終了となる。

またある晩の夕食会の後には、地元のアイスクリーム店に行けば、閉店の時間までアイスクリームが食べ放題ですとみんなに告知した。1000ドルの費用がかかったけれど、真夜中にアイスを食べてみんなが笑顔になるのなら安いものだ。

僕たちはコンテンツを拡大させはしたものの、教育企業ブラックボードのCEOでイベント参加を断ったマイケル・チェイスンが言っていたほど、幅広い内容のコンテンツを取りそろえる時間はなかった。自分たちにとって何が理想的なのかを知るには、まず変わった趣向のイベントをいろいろと調べる必要があって、間に合わなかった。

それでも結局、マイケルはマイアミのイベントに**来てくれた**。しかもドロップボックスの創業者、MTVの番組編成代表らと並んで、今回最高のスピーチの1つを披露してくれた。

僕たちはエリザベス・ゴアも招待し、ガールアップというキャンペーンの構想を発表してもらった。ガールアップは社会変化やジェンダーの平等のために戦う世界中の若い女性を支援しようというものだ。まだ構想の段階ではあったものの、エリザベスはガールアップを国連中心の官僚的な組織と見られたくなかった。

そこで僕たちは、ガールアップのブランディングのために、マイアミのイベントで半日のワークショップを開催した。それから10年以上が過ぎた今、ガールアップは120カ国で8万

5500人の若い女性を支援している。

このイベントではこれまで以上に女性の数も増えた。パトロンの列車イベントに来た女性リーダーの多くが、友人を連れてきてくれた。しかも彼女たちの支援で開催できたものもある。イベントで最も参加者の多かったトークイベントの1つ、題して「女性に今この場で力を。21世紀の女性たちが直面する危機に打ち勝つゲームプラン」だ。

これらを通じて、僕たちが成功するために極めて重要な存在となる女性たちに会うことができた。その1人が、元プロサッカー選手でスタンフォードのエンジニア、ナタリー・スピルガーだ。ナタリーは僕たちの初期の社員の1人となり、サミット・ファミリーのとても重要な一員となる。

こうした成長は、浜辺のあちこちで宝を探し回り、アイスクリームを食べながら談笑する参加者の多くにとって、全然目に見えないものだ。でも今の僕たちには、画期的でインパクトのあるアイディアに満ちたイベント、これまでは体験しえなかったようなイベントを作るビジョンがある。

イベントアイテムを自前で

イベント終了時のホテルの部屋の様子がこれまでと変化したことも、僕たちの成長の大きな証だ。過去のイベントでは、もっぱらホテル側が提供する備品に頼っていたが、今は外から借りるよりも自前の道具を使うことが増えてきた。

ホテルの自分たちの部屋は、どこもイベントのアイテムで床一面埋め尽くされている。サミットの旗、プログラムのパンフレット、パトロンのテキーラの空き瓶が入った箱。物があふれすぎて、僕たちの部屋には足の踏み場もない。ホテルのスタッフが散らかった部屋を歩き回らないで済むように、ドアにはDo Not Disturb（入室お断り）の表示をずっと掛けておいた。

この残ったアイテムをどこに置いていいかわからなかったし、まして**自分たちの**これからもわからなかった。少なくとも、自分たちのしていることを客観的に見直して、指標を作り前に進むしかない。それを前に進んでいくための土台としていこう。

何年も後に、アメリカ東西両岸に倉庫を設けた。倉庫は何万平方フィートもの広さがあり、ステージ、座席、テント、巨大な音響システム、数百人が食事できるほど大きな夕食用の仮設テーブル、シャンデリアで埋めつくされている。

でもそれは10年先のことだ。本格的に多様な人たちを受け入れることもそうだけど、そこまでの備品管理はひと晩では成しえない。マイアミのイベントでまかれた木の種が成長して、今日のサミットという大木に至っている。

あともう少し、成長の時間が必要だった。

19
悲劇を前に

僕たちの次のステップは、単なるステップじゃない。それは飛躍と言ったほうがいい。チャリティーオークションで金を集めることと、実際に世の中の問題を自分たちの手で解決していくことには大きな隔たりがあり、僕たちはこの隔たりを飛び越えようとしているんだ。

コミュニティが成長するにつれ、僕たちは世界中の問題について多くを学び、こうした問題への対応が昔から政府や大きな慈善団体に委ねられていることを知った。これは問題が解決しない典型的なパターンだ。

自分たちが築きつつあるネットワークを通じて、新たな視点や解決策が得られないだろうかと僕たちは考えた。肘掛けいすに座った悠長な活動家にはなりたくない。何か正確にはわからなくても、意味のあるミッションを持ちたい。

ウガンダの惨状

マイアミのイベントからほどなくして、ジェフはウガンダに招かれた。マイアミのイベントで、僕たちはインビジブル・チルドレンという慈善団体のために金を集めた。ジェフはその金が地元のコミュニティにどう影響をもたらしているかをこの目で確かめたいと思ったんだ。

そこで彼が見たのは、国連が「世界で最もおざなりにされた人道的緊急事態」と呼んでいた惨状だった。

ウガンダは内戦を経験し、数百万人を収容所送りにした。だが主な戦いが終わっても、暴力は終わらない。ジョゼフ・コニーという戦闘員が、彼の宗教的カルト集団を「神の抵抗軍」と呼ばれるゲリラ集団に変えた。コニーの民兵が3万人の子どもたちを拉致して、その多くを兵士として利用しながら地域を荒らし、およそ10万人を殺害した。

アメリカの大学生2人と映画学校を卒業したばかりの若者が、アフリカ全土を回ってこの現状に出くわした。彼らはドキュメンタリーを製作し、帰国してハイスクール、大学、教会にビデオを公開して回った。最終的に彼らは世界を動かしてコニーを阻止すべく、インビジブル・チルドレンという組織を作る。

彼らの目的には2つの意味がある。こうしたひどい数字の背後に埋もれた名前、顔、物語を知らしめてコニーを法廷の場に引きずりだすこと。そして寄付を募って商品を売り、被害にあった地域の人道支援のための金を集めることだ。

ジェフはウガンダに到着すると、地元の教師と早速モペット（ペダル付きオートバイ）に乗った。子どもたちの教育のために村から村を回るその教師は、拉致された子どもがジャングルから逃げるのを助けて元の集落に戻し、一方のジェフはハンドバッグ工場を訪ねた。インビジブル・チルドレンがサミットのコミュニティからの寄付金と提携によって建設した工場だ。

その後、ジェフはウガンダの倉庫に入った。そこでは数十万ドル分の寄付による食料が棚の上に置かれて、さまざまな人道支援組織によって配給されるのを待っている。この食料は必要とする人たちの元へ届くことはなく、時に大きな支援が無力でしかないことを知らしめる巨大な教訓となっている。

ジェフは、事態を収束へと導いているのは傲慢な国際組織ではなく、若くてフットワークの軽い起業家であることを目の当たりにするのだった。映画用カメラを使って人道支援のプロジェクトを農業、教育、マイクロファイナンシング（少額融資）へとスケールアップさせたのは20代の若者たちだった。

ジェフは、自分と同年代の若者たちが戦争を止めようとしている話を持ち帰った。僕たちはそれに触発され、金を集めるだけでは物足りなくなっていた。ちょうどそのとき、新たにもう1人のメンターが僕たちを正しい方向に導いてくれるのだった。

自分たちが向き合える問題は何か

エリザベス・ゴアを通じて僕たちが知り合ったのは、ユニセフの事務局長で、ジョージ・W・ブッシュ大統領の下で農務長官として働いていたアン・ベネマンだ。彼女は僕たちに率直に意見してくれた。

「それで、あなた方は同世代の若者たちが抱いているたくさんの理想のために、多額の資金を集めたそうね」と、初めて会ったときに彼女は言った。

「あなた方が違った視点から物事を考えるお手伝いがしたいわ。この30年間で1兆ドルのお金がアフリカに行ったけど、貧困は増している。重要なのはお金じゃないの。本当に問題解決のために努力している優秀な組織はごくわずかだから、そのためのネットワーク作りにあなた方の才能を向けてほしい」

彼女は自分の意見を裏付けるべく、ザンビアの経済学者ダンビサ・モヨの『援助じゃアフリカは発展しない』という本を僕たちに渡し、さらにユニセフ・イノベーションを紹介してくれた。世界の経済構造の最下層に置かれる人たちを助けるために、新しいテクノロジーを取り入れ、マーケットに基づいたアイディアの応用に取り組んでいる組織だ。このような本と会話がきっかけとなり、影響を与えることについての僕たちの考え方は根本から変わった。

とはいっても何より目を開かされるのは、実際に危機が訪れた現場に立つことだ。皮肉なことに数カ月後、危機がどういうものかを実感する機会が訪れた。２０１０年１月、ハイチが巨大地震に見舞われたんだ。

20万人近くが亡くなり、25万戸の家が倒壊し、島の大半はガレキと化した。画面で目の当たりにした悲惨な光景に、僕たちは心をひどく痛めた。前回のイベントが終わってもまだマイアミにいたので、ハイチまでは飛行機で1時間しか離れていない。

僕たちはハイチの首都、ポルトープランスに向けて48時間以内に出発する飛行機をすぐに予約した。何をすればいいのかはわからない。ただ何が**できるか**を見極めたかった。

まずは子どもたちに必要な備品を提供する準備を始めた。次の2日間でステープルズから学校の備品を調達し、バッグのブランドのインケースに勤める友人からバックパックそのほかの備品を取り寄せ、マイアミの慈善団体プロジェクト・メディシェアからそれらを貨物と個人配送の両方で送った。友人のミケルにも、汚水を飲料水に変えるライフストローを１つの街に必要な数だけくれるようにお願いした。

でもいざ被災地に到着すると、そこは予想していたレベルの悲劇どころじゃなかった。街はガレキと化していた。コンクリートの家は完全に倒壊している。通りでは傾いた電柱から電線が垂れていて、至る所で起きた火災のためにゴムの焼けこげた臭いが充満している。見渡す限り、家を失った家族がテントの設営地に密集している。無事なものは何もない。大統領邸の中心にまでも穴が開いている。

こうした荒廃してグシャグシャになった光景を初めて目の当たりにすると、自分たちがどれほどわかっていなかったかを実感する。子どもたちのために僕たちが持ってきたバックパックや学校の備品は、これほどの災害に対しては無力すぎた。

僕たちは子どもたちと過ごして、少しでも慰めようと歌ったり踊ったりしたけれど、結局みんなをテントに残して帰ることになり、致命傷に絆創膏を持ってきただけのような無力感に苛まれた。

途方もない損害の大きさに直面して、僕たちは自分たちがどんな問題に向き合えるのか、そしてその問題をこれから何年かかけてどうやって解決できるかを考えるのだった。

20

現実を超えろ

僕たちはワシントンDCで次のイベントに向けてギアを上げていた。イベントは名付けてDC10、2010年代の幕開けを祝うのが目的だ。

そしてその頃、モンタナ州で短い冬休みを取る機会が思わぬ形で巡ってきた。そのたった1日が、今後開催するすべてのイベントを変えることになる。その出来事によって、ちょっとしたいたずらが、時に大きなきっかけを与えてくれることを学んだ。時には自分の直感を頼りに、思わぬところに首を突っ込んでみることも必要だ。

普通に暮らしていたら、僕たち4人にはシュガー・シャックに目を向ける機会はない。なにせモンタナ州ビッグ・スカイにあるイエローストーン・クラブの門をくぐらないと行けない場所だ。

でも僕たちはその門を**くぐり抜けた。**飛行機で隣の人と会話を始めたり、5分だけ会った人でもいいから紹介してと友人に頼んだり、チャンスに巡り合えそうなところを片っ端から探していた日頃の努力のたまものだ。

今回のチャンスは、ジェレミーのお母さんのケイシーがきっかけだった。

ジェレミーの母がくれたチャンス

ケイシーはもともと、マサチューセッツ州で儲からないビジネスをしている男性の下で働いていた。大不況によってイエローストーン・クラブが経営危機に陥ると、彼女は一時的にそれまで働いていたボストンからモンタナ州に移って、イエローストーン・クラブ財団というクラブの慈善支部の運営を手伝うことになった。クラブを利用できるのは一般に会員やゲストだけなのだけど、お母さんはジェレミーに「ここに来てスキーをしてもいいわよ」と言ってくれた。

僕たちはみんなスキーが大好きだ。サミットの始まりもエリオットが企画したユタ州でのスキー旅行だったし、友情の面でもスキーが僕たちを結びつけている。

ブレットがスキーを始めたのは2歳の頃、父親が43歳でスキーを学ぼうと思い立ったことがきっかけだ。ジェレミーは雪が大好きで、山の近くにいたいという理由だけで、コロラド州の学校に短期間通っていた。そしてジェフとジェレミーが初めて近づいたのは、ニューハンプシャー州のスノーボード場でジャンプを始めたのがきっかけだった。

僕たちはチャンスがあればいつでもスキーに出かけたいと思っている。

ただ今回のチャンスには難点が1つあった。ジェレミーのお母さんのケイシーから、目立たず行儀よく振舞うようにはっきり釘を刺されたのだ。

「大丈夫だよ」とジェレミーはケイシーに言った。

「スキー用具を身に付けてるんだよ。誰も気づきはしないって」

ケイシーはそれでも心配だったので、基本ルールをいくつか挙げた。「いいこと」と彼女は始めた。

「あなたたちがここに来た目的はたった1つ、スキーのためよ。朝9時以降ならゲレンデに出て構わない。午後4時までに必ず山を下りること。山では誰とも話さないこと。ゴーグルは付けたままよ。ロッジには行かないこと。そして何より、どんなことがあっても、シュガー・シャックには**行っちゃダメ**よ」

「シュガー・シャック?」

「シュガー・シャックで軽食ができるのは会員だけなの」とお母さんのケイシー。

「だからシュガー・シャックには**絶対**行かないで」

僕たちは雪の上に出られるのが楽しみで、うなずき感謝した。

全員ロッジに入る

翌朝、ゲレンデに出て、上のほうまで続くなだらかな丘とお城のような建物を眺めた。おそろいの青いニット帽と無精ヒゲでは、こっそり行動しようにもバレバレだろう。どう見ても僕たちは場違いな存在だ。怪しく見えるかもしれない。

リフトに向かうとき、ジェレミーが僕たちに念を押した。「ママを尊重して、言われたとおりに振舞おうぜ」

環境は申し分ない。雪に覆われた広々とした山頂が真っ青な空に届きそうだ。スキーヤーは屋根付きの高速のリフトに乗って山頂までひとっ飛びで行ける。

でも、エリオットにはもっといい1日の過ごし方のアイディアがあった。

「もちろん、尊重するさ……。でもビル・ゲイツがロッジに入っていくのが見えたんだ。会えないか行ってみるよ」

「俺もエリオットに付いていく」とジェフ。

「じゃあ、楽しんでこいよ。俺はスキーをする」とブレット。

「みんな、リフトに乗らないか」とジェレミーはエリオットとジェフを大声で呼んだが、遅かった。2人は聞こえないふりをして、すでにロッジに向かっていた。ちぇっ、これはダメだと思い、ジェレミーは放っておくことにして、スキー板を履いてブレットとリフトに向かった。

エリオットとジェフはそれから2時間、まるで数年前からの会員みたいにロッジでみんなに挨拶して回っていた。2人がなるべく多くの人と知り合いになろうと頑張る一方、ブレットとジェレミーは数時間スキーを楽しみ、そのうちへとへとになった。

「腹へったよ」とブレット。「何か食べられるはずだよな」

ブレットはほどなくしてシュガー・シャックを見つけた。おもてなしの殿堂入りにふさわしい店で、ジンジャーブレッドでできているような外観は、ヘンゼルとグレーテルの絵本から飛び出したみたいだ。チーズを挟んだホットサンドのうっとりするような匂いが、100フィート（約30メートル）先までも漂ってくる。

中に入るとスタッフが温かく出迎えてくれた。ホットサンドがポンとひっくり返され、その隣にはきわめて美味しそうなホットチョコレートが入ったフタ付きのつぼ。これを見ると人生最大の難問に頭を悩ませてしまう。ホットチョコレートには大きなマシュマロと小さなマシュマロのどっちを入れてもらおうか。

ピカピカ輝くテーブル一面にクッキー、キャンディー、ごちそうがありったけ並んでいて、しかも全部が無料ときている（もちろん、会員であればだけど）。

エリオットとジェフがロッジで会員とおしゃべりしている間、ブレットとジェレミーは温かいトマトスープをすすっている。ここまで来たら、誰が最初にルールを破ったのかわからない。でも、光って鳴ったのは当然ジェレミーの携帯だ。

「あなたにばったり会ったという人から電話があったんだけど」と彼のお母さん。
「あなたがここにいるって、みんなどうして知ってるの」
「もしもし、ええと、ああ変だね……ここの人たちはみんな親切なんだよ」
確かにその通りだった。みんなが温かく歓迎してくれて、気さくに話してくれる。

マイケル・ヘブの金言

何より楽しかった会話の相手は、家族がイエローストーン・クラブの初期の会員の1人だったという、マット・ウィギンズだ。コミュニティの付き合いを大事にするマットは、僕たちを美しい自宅に招いて夕食をごちそうしてくれた。メイン・ロッジ上方のメイン・リフトの真隣という最高の場所にある。

彼の自宅のシューズクロークには来客用のスキー用具がそろっていて、リビングとダイニングから美しいキッチンが見える。暖炉のそばには細長い腰の高さのテーブルがあり、その上には開くと童話アニメのキャラクターが飛び出してきそうな、特大のノートが置かれている。

これはウィギンズ家のゲストが書いたノートで、長年にわたってこの家で過ごしてきた友人たちによる心温まる話が詰まっている。この家がどれほどみんなにとって大事なものなのかが伝わってきた。

ジェフは思った。〝すげえ、家に招かれた人たちが感動してノートに書き留めるなんて、普通じゃ考えられないよ。家族、友人、コミュニティがどれだけ大事にされてるかってことだな〟

その晩の料理を担当していたのが、マットの友人の1人、マイケル・ヘブという一風変わったシェフで、2000年代初めのオレゴン州ポートランドのグルメシーンで一目置かれていた人物だった。マイケルはコンロの前に立ち、僕たちが見たこともないようなテンションで肉や野菜を調理した。

ジェフはすぐさまマイケルに魅了されてキッチンのカウンターに座り、彼の調理を見物した。間を置かずにマイケルの口から金言が飛び出し、その1つが暗中模索の僕たちを光の方向に導いてくれることになる。

「どうしてみんな現実的に考えろとばかり言うのかな」とマイケル。

ジェフはゆっくりうなずいて、マイケルが今の言葉をどう着地させるのか興味を持った。

「まあ、そんなの相手にしないほうがいいね。**現実を超えて**考えなくちゃ。やるんだったらみんなの予想と、できるとかできないとかいう感覚を超えないと」

彼のアドバイスを聞いて、イベントの今後についての僕たちの考え方は変わった。僕たちは、会議とはこういうものだろうという予想の多くをすでに覆してきた。でもマイケルの言葉は、参加者が経験しうる限界値を上げてみせろと言っているようだった。

そしてワシントンDCで行う次のイベント、DC10は、この新しい考え方を取り入れてみるキャンバスとして申し分ない。

これまでとは違う体験

DC10では、現実離れした体験をしてもらうために、参加者が集まる夕食会で思い切った趣向を凝らすことにした。シェフのマイケルにも知恵を借り、参加者に独立宣言を模した紙を用意する。参加者は夕食会の招待状とともに独立宣言のコピーとカッターナイフを受け取り、文書をバラバラに切って、文言を並べ替え、自分が描く理想のアメリカにアレンジするというものだ。

夕食会はフランク・ロイド・ライトが建築したポトマック川が見渡せる邸宅で開く。レストランでは出てこないような話題が飛び出すように考えた。

ほかにもウェルネスクラブみたいな施設、24時間の軽食プログラム（シュガー・シャックをヒントにした）や夜食サービスなどを取り入れる。オリンピック選手と一緒にみんなでカヤックを体験し、塗料入りの弾丸を撃ち合うペイントボールというゲームで初対面の人と交流し、レストランチェーンのスイートグリーンの創業者たちと一緒に国立公園のナショナル・モールまでピクニックする。この創業者たちは僕たちと史上初の大規模なケータリングのプロジェクトを行うことになる。

さらに独自のカジノを作って収益はチャリティーに寄付し、これまでで一番の大物を講演会に招き、空間も含めてアートと見なすインタラクティブ・インスタレーションも開催する。これまでとは違う体験をしてもらおうという、僕たちの新たなる決意の表れだ。

こうしたアクティビティのアイディアは、遡るとモンタナ州のマット・ウィギンズの家で過ごしたあの夜がきっかけとなった。さまざまな人を集めてセミナーやパネルディスカッションを行う現代的なアイディア・フェスティバルを催そうという種子が、あそこで僕たちの中にしっかり宿ったんだ。

シュガー・シャックに行ってはダメというジェレミーのお母さんとの約束を破ったのは確かだ。彼女があれだけ気前よく親切にしてくれたのに、約束を破ってしまったことは申し訳なく感じている。でもそうすることで、僕たちは新たな可能性に出会い、組織の方向性を変えることができた。

イエローストーン・クラブを出るときには僕たちの心に新たな情熱が芽生えていた。マイケル・ヘブとマット・ウィギンズの2人をコミュニティの新たなメンバーに迎えたのみならず、もしもこうなったらという願望を思い描くようになったんだ。

〝もしもこんな山に家を建てて、友人たちをたくさん呼んだらどうだろうか。もしも自分たちの家を見つけて、そこをコミュニティのキャンバスとして使えたらどうだろうか〟

21
クリントン、再び

ワシントンDCに戻ると、そこはモンタナ州で満喫した香ばしいココアの匂いが満たす午後とは正反対だった。豪華さと縁遠くなったこと以外にも理由がある。

現実離れしたことを考えろというシェフのマイケル・ヘブのアドバイスを胸に留めて、僕たちはDC10をこれまでのイベントにないくらいどこまでも複雑化させていった。ハードルを上げ過ぎたために、動くたびにミスが付いて回るような状況だったんだ。

2010年が始まり、オバマ大統領の周辺はにぎわっていた。そこで僕たちは、ホワイトハウスから数ブロックのところにあるJWマリオット・ホテルを5月のイベント開催地に選んだ。

サーフィンとも雪とも無縁の場所。厳粛な気分を求めてのことだけど、変わらず守っていることが1つある。いつもの通り、規模は前回のイベントの倍にする。今回は参加者を500人招こうと計画した。

もっと多くの参加者を引き込もうと、僕たちはなかなか呼ぶのが難しい人たちに講演やパフォーマンスをしてもらえないかと声をかけた。

例えばCNNの創業者テッド・ターナー、実業家のマーク・キューバン、教育NPOティーチ・フォー・アメリカの共同創業者でCEOのウェンディ・コップ、ナップスターの共同創業者ショーン・パーカー、ワシントンDCのパブリック・スクールの理事長ミシェル・リー、未来学者のレイ・カーツワイル、R&Bシンガーのジョン・レジェンド、NASAの宇宙飛行士などなど。

ところが僕たちは計算を誤った。イベントまであと4カ月と迫りながら、講演を打診した人からは断られたり保留にされたりで、売れたチケットは目標に400枚も足りない。これまでのやり方が効かない。

そこでブレットは、10代の頃困ったときにいつも使っていたのと同じ戦略に頼ることにした。それは、父親にアドバイスを求めることだ。

ブレットの父のアドバイス

僕たち4人はスピーカーフォンの周りに集まり、ブレットが父親に状況を説明した。父親のマイケルはベテランのライフコーチというわけではないが、彼はいつも親だからこそ言える率直なアドバイスをくれるので、僕たちは信頼していた。

「父さん、困ってるんだ。どうしたらいいかわからないよ」とブレットは言った。

「お前たちは何もかも間違っている」とマイケルは言った。

「自分たちの問題は何だと思ってるんだ？　もっとでっかく考えないと」

僕たちは互いを見合った。でっかく考える？　テッド・ターナー、マーク・キューバン、宇宙飛行士。

「俺たちはもう大物たちに声をかけたよ」と僕たちは言った。

「これ以上どれだけでかく考えろっていうの？」

「さらにでっかく考えないと。ビル・クリントンに戻ってきてもらうんだよ。クリントンさえつかまれば、みんな一斉に集まるさ」

その言葉に僕たちはみんなピンときた。ブレットのお父さんの言う通りだ。ビル・クリントンをもう一度呼べたら……。

再び元大統領側に連絡を取ると、空いている日があった。それはつまり再び小切手を切って財団に渡すことでもある。簡単に決められることじゃないけれど、あれこれ話し合った末、それで行こうと決めた。支払った金は、慈善団体を通じてすばらしい理想を実現するために使われるのだから。

そうなると、DC10の方向を変えなければ。しかも早急に。

そこで僕たちは元大統領のスタッフとあれこれ打ち合わせして、正式にクリントンをイベントに招いた。それと同時に僕たちはCNN創業者のテッド・ターナーのオフィスに電話を入れた。

「申し訳ありません。イベントの参加を断られたのは承知していますが、計画を変更してクリントン元大統領に基調講演を依頼しました。考え直していただけないでしょうか」

すぐに折り返しの返事が来た。イエスだ。これでテッド・ターナーは確保できた。

僕たちはフェイスブック初代CEOのショーン・パーカーのアシスタントにも連絡した。

「テッド・ターナーとクリントン元大統領が参加します。ショーンさんも続けていかがでしょうか。本日午後3時までにご返事ください」

これまたイエスだ。

次は実業家のマーク・キューバンだ。

「クリントン元大統領とテッド・ターナーが出演します。翌日に基調講演をしていただける方を探しております。マークさんにもお願いしたいのですが」

決まりだ。

僕たちは歌手のジョン・レジェンドとティーチ・フォー・アメリカの創業者ウェンディ・コップへのインタビューも用意した。俳優のクリステン・ベルも戻ってくる。同じく俳優のミシェル・リーもだ。NASAの宇宙飛行士7人からも続々とイエスの返事が来た。

参加者候補の人たちからもイエスの返事が届くようになり、短期間で500枚のチケットを売り切った。イベントが近づくと、売れた数は750枚に迫り、参加予定の面々の一部に僕たちは胸を躍らせた。例えばイシメール・ベア。『戦場から生きのびて ぼくは少年兵士だった』の著者である彼が参加してスピーチをしてくれる。ジェフはウガンダにいるとき、彼の物語を聞いていた。

若手起業家への声かけ

そのほか、僕たちは大きな足跡を残しそうだと思うこれからの人たちにも意識して連絡していた。

僕たちがアプローチしたある2人はペンシルベニア大学のビジネススクールの学生で、まさにメガネの世界に革命を起こそうとしていた矢先だった。2人はワービー・パーカーという会社を立ち上げ、街中のメガネ店の高いメガネに代わって、ネットで安価なメガネを売って従来のやり方を壊した。

ワービー・パーカーでは、顧客は5つのメガネを注文し、1週間試着して買うかどうか決めることができる。しかも、メガネが1つ売れるたびに提携する慈善団体に売上金が寄付され、必要とする発展途上国の人にメガネが届けられる。トムスが靴でしていたことを、彼らはメガネで実践している。

僕たちは彼らのビジネスモデルをすばらしいと思っていたから、共同創業者のニール・ブルーメンソールとデヴィッド・ギルボアに「DC10で人脈を広げないか」とブレットが声をかけた。

「すごく光栄な話だけど、忙しいんだ」というのが彼らの返事だった。

「わかってないな」とブレットは強く言って、こうプッシュした。

「初めての子どもが生まれるっていうならわかるけど、そうじゃなければこのイベントを欠席してもらっては困る」

「その週末に僕たちはウォートン・スクールを卒業するんだけど」

普通ならこれで話が終わるだろうが、ブレットはさらにプッシュした。

「卒業すれば卒業証明書は郵送で届く。でもDC10のチャンスは二度とないし、100人の人脈はこちらから郵送なんてできない。君たちはそれを逃すんだよ」とブレット。「卒業式はいつ?」

日曜だった。

「よかった。じゃあ金曜の午後のイベント開始から参加できるね」

半ば強制の誘いだった。彼らはフィラデルフィアから車で初日に来ることにした。卒業式には間に合うし、参加することでほかの参加者との関係が芽生えていく。

1年後、僕たちはジャマイカに滞在するニール・ブルーメンソールに加わって、初めてワービー・パーカーのグラス(メガネ)・ドロップを開催する。その日、僕たちは視力検査を行ってメガネが必要な人たちに数百個を寄付し、生まれて初めて物がはっきり見えて、みんなの顔がぱっと輝く瞬間を目の当たりにするのだった。

僕たちはワービー・パーカーのビジネスモデルと、社会や地球環境の向上を目指す活動への参加に大いに刺激を受けていた。だから、ニールからブレットに電話がかかってきて、初めての資金調達をやっていると聞いたとき、僕たちは協力したいと思った。

「僕たちにはそんなに金はない。でも君たちに投資してもいいかな」とブレットは言った。こうして僕たちはワービー・パーカーへの最初の投資企業の一社となった。

これもすべてブレットがDC10への招待をあきらめなかったからだ。1つの関係がどういう方向に向かっていくともわからない。そこから大きな成果が生まれることも珍しくない。

人が足りない

ブレットの例のように、どの電話も無駄にできなかった。全速力で駆け抜け、つねに土壇場で奇跡を起こすような仕事ぶりだから、緊張が増すばかりだ。そんな僕たちに足りないのは必ずしも時間ではなく、むしろ人だった。

僕たちはすでにビズノー・メディアCEOのライアンに頼っていた。彼はワシントンDCに住み、ビズノー・メディアで仕事するかたわら、今回のイベントの運営を手伝いに来てくれた。それでもスタッフの数は全然足りていない。

一般的なフェスでは、決して表には出てこないものの、何もかもがよどみなく**確実に**進行するように1日20時間働く裏方のチームが存在する。**僕たち**はその制作チームの役回りもこなしていた。助けが必要なことはわかっていた。でも僕たちはプロの助っ人チームを雇わずに、親切な知り合い何人かに来てもらうことにした。

僕たちは手先が器用な数人を呼び、また数人の友人を雇った。才能あるデザイナーのリチャード（リッチ）・ハンセンは、サミットのブランドとサミットらしさを目に見える形にしてくれた。彼は夜遅くまでJWマリオット・ホテルのメインステージを組み立てていたのだけれど、作業は結局イベントが始まるギリギリ数時間前までかかってしまった。

疲れていて時間との競争になると、どうしても注意力が散漫になってしまう。リッチはエグザクト・ナイフ（刃を交換できるペン型の工作用ナイフ）を使って箱を開けようとしたとき、誤って手を刺してしまい、あちこちに血しぶきが飛んだ。それでも頼れるリッチは包帯を巻いて作業を続けた。

友情はこういう瞬間に固まるものだ。僕たちのイベントで手に入れた人脈を通じて、リッチは後にウーバーのロゴとブランド・パッケージをデザインするのだった。

次々と予期せぬ障害に出くわし、僕たち全員がリッチ同様に、手負いのまま夜通し作業する気分だった。

ステージを築くのに欠かせないボルトとナットの一部が届かず、時間も遅くて地元じゃ手に入らない。パニクりながら部品を搬送したニュージャージー州の会社に電話したところ、予備はあるそうだがワシントンDCまで車で数時間かかる。会社は早急に届けられるリムジンサービスを勧めた。値段を聞いて僕たちは二の足を踏んだが、ほかに選択肢はない。ボルトがないと、ステージが用意できなくて誰も講演ができない。

控室も準備しなきゃいけない。大物が参加するから、その一部のスタッフから要求があった。このとき初めて僕たちは、イスの高さから、演壇のスタイル、身の回りの品のブランド名までを明記した40項目の契約付帯条項に対処することになった。

しかも、ホワイトハウスのヨシ・サーガントがエリオットに何度も電話して、美術作品を支援する組織のために手作り菓子の即売会を開催できないかと言ってきた。僕たちをホワイトハウスに呼んでくれたヨシには感謝しかないし、できることならどんなお手伝いでもしてあげたい。だけど、自家製のマフィンは僕たちの計画には入ってない。

「申し訳ないけど、ヨシ」

エリオットはこう続けた。

「イベントの最中にお菓子の即売会をやっても意味がないかと」

いろいろとバタバタして、寝る時間もない。こういう張り詰めた時期になったら、休むのは最後。途中で休んでなんかいられない。サミットの旗が箱に入ってしわくちゃで届いたのに、アイロンをかける時間もない。イベントの朝、僕たちは届いたときのしわくちゃのままの状態で旗をステージに掲げて、急いでシャワーを浴びて着替えた。

サミットここにあり

参加者たちが到着する前、僕たちは一瞬立ち止まって、自分たちで作り替えたホテルを見回した。目にクマはできていたが、誇らしげに笑みがこぼれた。

僕たちはイベントの隅々まで自分たちで手掛けてよかったと、あらためて実感していた。細かいところまで正確に把握し、参加者にどんなサプライズが待っているかまでわかっている。みんなに会場を案内しながら、〝何が待っているかお楽しみに〟と興奮を隠しきれなかった。

会場の隅には音楽スタジオを作った。深い青の照明で、音楽の都といわれるテネシー州都のナッシュビルのファンキーなレコーディングスペースを髣髴とさせるスタジオだ。参加者が演奏できるようにギター、キーボード、ドラムのフルセット、誰でも参加できるようにマイク、タンバリン、シェイカーを用意した。グラミー賞を受賞したミュージシャンとＣＥＯたちが即興の演奏会に興じることで、早朝から一体となれるようにと考えた。

マッサージセラピストもホテル中に置いて、鍼やストレッチのセラピーを受けられる部屋の行き先を案内したカードをみんなにさりげなく配った。

フォーチュンクッキーには「オブリーク・ストラテジーズ」で、カードに書かれていた言葉をちりばめた。ミュージシャンのブライアン・イーノが創作のヒントに用いたことで知られる発想法で、これまでの枠から離れて考えてもらうためのメッセージが書いてある。〝自分の体に聞いてみる〟、〝曖昧なものを除去して明確なものに変える〟、〝自分が使っているレシピを見つけてそれを捨てる〟などなど。

お菓子の即売会をやりたかったヨシには申し訳ないけど、エリオットのおばあちゃんがクッキーを焼いてきた。そしてジェフのおばあちゃんがはるばるテキサス州から来て「おばあちゃんたちとのお茶の時間」と題したセッションを手伝ってくれた。

趣向を凝らし、なおかつほかのイベントでは太刀打ちできないような大物のゲストとダイナミックなコンテンツを引っさげて、僕たちは世間に対してサミットの到来を高らかに告げた。

国内のニュースメディアが大挙して詰めかけ、ワシントンＤＣの市長がイベントの始まりを宣言した。数時間後、元大統領に続いてシークレット・サービスの護衛が扉から入ってきた。その数分後にクリントンがステージに上がった。

「みなさん、ご起立して第42代アメリカ合衆国大統領を盛大にお迎えください」とエリオットがアナウンスしみんなを盛り上げる。「ビル・クリントンです！」

エリオットはヨガクラスにいるみたいに両腕を掲げて、クリントンをすっぽりとハグした。わずか2年前、ユタ州での初めてのイベントで、パトカーに呼び止められてどぎまぎしていたエリオットを見た人たちには信じられない光景だろう。

クリントンが講演している間、僕たち４人は最前列に座って時おり後ろを振り返り、それから互いを見やった。そして目で会話した。〝信じられるか？　アメリカ元大統領が満席の会場のサミットロゴの前でステージに立っている……ヤバい、旗がしわくちゃだぜ〟

僕たちは胃がねじれそうだった。ほかのみんなにしわくちゃなのが見えているだろうか。気づいたのは僕たちだけだろうか。もちろん、みんなはクリントンに集中しているから、しわが寄った旗には目もくれないだろう。そう願った。

予想外のオートミールクッキー

クリントンのセッションが終わりに近づき、エリオットは観客がすぐに出られるように裏の扉に向かった。1つのドアを開けてアトリウム（ビルの吹き抜けの空間）をチェックした。すると、ヨシが折りたたみテーブルの前に立ってるじゃないか。テーブルには手作りのケーキやクッキーが並んでいる。

「**何をしてるんですか**」とエリオットが声を上げた。

「前にも言ったお菓子の即売会だよ」とヨシは何食わぬ顔で言った。

「ヨシ、昨日お話ししました。その前の日も言いました。お菓子の即売会は**無理**だって」

「君たちは間違っている」

「どういうことですか、僕が間違っていた？　**僕たちのイベント**ですよ」

「大丈夫さ、君はまだ若い。みんな間違いはする。このお菓子の即売会には重要な大義名分があるんだ」

ヨシがそう言うとドアが開き、講演に満足した数百人の参加者がお腹を空かせて、蜜に群がるハチのようにヨシのお菓子の即売会に押し寄せた。彼がどうやって警備を突破してお菓子の即売会を始めたのかはわからない。でも僕たちはただそこに立って、ヨシを温かく見守った。僕たちが彼の立場だったら、同じことをしただろうと思いながら。

ヨシの行動は、彼がオバマ・キャンペーンについての前提知識もない状態でシェパード・フェアリーに白羽の矢を立てて、オバマ大統領のために「ホープ」ポスターを作製したときと同じだった。オバマ・キャンペーンのスタッフはシェパードの最初の試作品に満足しなかった。でも2作目が集会場や大学の寮の部屋の壁に貼られるようになると、シェパードのポスターの力を認めざるを得なくなった。フォトジャーナリストのマニー・ガルシアが撮った写真を基にしたこの作品は、現在スミソニアン協会のナショナル・ポートレート・ギャラリーに加わっている。

「きっと俺たちがやっていることは、お菓子の即売会みたいなものなんだ」とエリオットは思った。

ほんの一瞬でも、予期せぬことが起こるとつい過剰反応しがちだ。足りないナットやボルト、予想外のオートミールクッキーの即売会、しわくちゃの旗に気が行ってしまう。全体の95パーセントにみんなが満足してくれても、予想通りに進まなかった残り5パーセントや、途中でしでかしたミスに気を取られるのが人間というものだ。

だからこそ、テッド・ターナーが参加者みんなにとって有効なアドバイスを求められた際の回答は、僕たちにとって初期のモットーの1つとなった。
「歴史を作っているときは、失敗は気にしないことだ」

大家族のにぎわい

実に多様で、充実したプログラムが満載のイベントを実行したい。僕たちはその目標を達成しつつあると感じた。そして同時に、トニー・シェイが提案してくれた、実家の夕食に招待したいような人たちを集めたコミュニティにも近づきつつあった。

そしてそれを判断するのに、僕たちのおばあちゃん以上にふさわしい人たちはいないだろう。イベントのほぼすべての参加者が「おばあちゃんたちとのお茶の時間」を訪ねたようだ。

エリオットの84歳になる祖母フローレンスは、セッションのために1000個のクッキーを焼いてくれないかというエリオットの頼みを真に受けてくれた。イベントの1週間前からオーブンでどんどん焼いていき、1000個のスニッカードゥードル（シナモン味のバタークッキー）を用意してくれた。

ジェフの祖母のジョイ・バークは、150センチくらいの小さな体でも存在感抜群だ。家族をもてなす夕食会のときと変わらず、参加者全員にお茶をいれて、大きな目を輝かせながら楽しく相手をしてくれた。

サミットは大家族になりつつあった。誰もパーティーを終わらせたがらず、音楽スタジオで夜明けまで即興の演奏会に興じた。

余韻を楽しもうとした一部の参加者が、朝の早い時間にホテル最上階のペントハウスで打ち上げパーティーを始めた。そこに火が付いた……文字通りに。誰かが誤って床の上の高温の照明を倒してしまい、小さな炎が燃え上がった。幸い、消し止められて、JWマリオットを焼失させずに済んだ。しわくちゃの旗、燃えたカーテン――こうしたミスは決して繰り返すまいと僕たちは誓った。

今回DC10が終わったとき、これまでと違って、ホテルの僕たちの部屋にパトロン社のテキーラの空き箱は散乱していなかった。僕たちの小さなチームが最終日の夜を徹して、イベントで作ったものをすべてきちんと箱に片づけてくれたからだ。

睡眠不足の中でも幸福感に包まれながら、僕たちは翌日、再びニカラグアのサン・フアン・デル・スルに戻った。僕たちのオアシスであり、夢へと導いてくれた場所だ。そこでマーク・キューバンがステージで放った、「私の人生のモットーは、自分が死んでももう一度自分に生まれ変わりたいと思えるような人生を送ることです」という言葉について語り合った。

その言葉を聞いた人はこう思うだろう。〝そりゃあ当然さ。彼ならそう思うだろうね。マークはあれだけの成功者だから〟

でも大事なのは、マークは成功する**前から**それをモットーにしていたということだ。そのときですら、彼は自分らしく悔いなく生きたいと思っていたんだ。

僕たちはみんなその気持ちをかみしめながら、海の近くにあるお気に入りのレストランに座った。そのオープンエアの小さなレストランでフィッシュタコスを注文し、初めて本格的な大イベントを行った海の向こうを眺めながら、ほっと一息ついた。

ＤＣ10は僕たちにとっての分岐点だ。イベントのスケールと講演をした人たちのスケールは、僕たちをさらに高いレベルへと押し上げてくれた。

僕たちはビジネスプランも10カ年の成功戦略も立てていない。ＤＣ10から先、何をするかも考えていなかった。

でも、今は何でもできる気がしている。

そこで僕たちは顔を見合わせてこう問いかけた。次は何をしようかと。

22

クルーズ船というアイディア

マイアミのビーチにニカラグアでのサーフィンと、僕たちはつねに海に目が向いていた。海にいると発想が後押しされるような感じがする。海の近くにいるとアイディアが自由にあふれ出て、考えがよりはっきりする。

サミットを国際的に拡大させようと決めたとき、たとえば陸に囲まれたスイスのチューリッヒで開催して、ハイテクシーンの急成長ぶりを確認しようとは考えなかった。開催地の選択で重視するのは、ビジネスの利便性よりもそこでのライフスタイルだ。僕たちの次の大きなアイディアも、海がもたらしてくれた。

僕たちはオランダのアムステルダムに宿泊設備付きボートを借りて、次のイベントをどうするか、ブレインストーミングを始めた。DC10で呼んだマスコミの一部は、サミットを「若き起業家によるダボス会議」と紹介してくれた。でもその呼び名の先を行くためにも、期待をバネにしつつ、どうしたらそれをはるかに上回れるか、真剣に考える必要がある。

僕たちはデッキの下の狭いリビングエリアに座って、面白くてばかげたアイディアを自由に出し合った。アイディアがどれだけ突飛だろうと、それなりに鋭いところを突いているし、いくらでも笑えるので話し合いは止まらない。

常々思うことだけど、大きなビジネスをするときに特にいらだちが募るのは、組織に何かとアイディアを潰されてしまうことだ。組織から横やりが入ると、どんなにいいアイディアでもその灯は消されてしまう。アイディアが一蹴されていき、クリエイティブなアイディアを耳にすることがなくなってしまう。

だから僕たちは、「もっと現実的にできないか」と言うような人はあえてそばに置かない。そもそも、ばかげたアイディアは何がきっかけで威力を発揮するかもわからないのだから。

オランダに来た僕たちは、ID&Tという、大規模な音楽フェスティバルを運営する会社を研究した。大規模なステージと凝った演出で著しい成長を遂げるID&Tのイベントは、参加者を迷路のような夢の世界へといざなってくれる。アリーナを埋め尽くすほどのイベントの盛況ぶりは、ほんの少しの違いが大きな効果をもたらすことを教えてくれる。

絶えず新しくて、風変わりで、ワイルドな場所に身を置くようにしていけば、そのうちこれぞというアイディアが出てくると僕たちは感じていた。

船上のフェス

ある日、ブレットとジェレミーはアイディアをぶつけ合っていた。

「クルーズ船を貸し切りにするってすごくばかげてるだろ?」

それを聞いてエリオットとジェフは同時に顔を上げた。

「俺たちは、イベントを格式ばったホテルに押し込めようとばかりしてた」とブレット。

「DC10で俺たちは機材に5万ドルはたいて、ホテルらしく**見せない**ようにしたよね。いっそ今度は海の広大な眺めを背景にしてみてはどうかな」

こうしてサミット・アット・シーは生まれた。

ブレットはパーティーを開催していた頃から船上の音楽イベントについては知っていたし、ジェレミーのバンドはツアーをしていた頃に船での演奏に招かれたことがある。そのほかの船上の音楽イベントとして、デイヴ・マシューズ・バンドがクルーズ船で開いた3日間のコンサートなどもあったが、騒々しいパーティーにすぎなかった。

ブレットとジェレミーは、このコンセプトをアレンジする時期が来たと考えた。僕たちなら1000人を1カ所に集めて途方もないエネルギーを生み出すことができる。海に囲まれて、誰もが自由を感じるだろう。同時に、船がすべてのエネルギーを閉じ込めるコンテナの役目をしてくれるから、生み出されたエネルギーは増幅していくだろう。

船上でのさまざまなコンテンツと音楽とアートのフェスはどうだろうか。ラスベガスのベラージオやワシントンのJWマリオットを予約するのとはわけが違う。ベラージオでのイベントがどんなにすばらしかろうと、数十万人都市のホテルで開催していることに変わりはない。週末に開かれる無数の会議と同じだ。

クルーズ船でイベントを開催すれば、すべてがパッケージされてそろっている。一度申し込めば、参加者は宿泊施設や食事込みで、各種プログラムに参加できる。24時間、好きなときに好きなように楽しむことができる。

僕たちはパソコンに飛びついて、今回のコンセプトにふさわしいクルーズ会社を探した。まさに絶好のタイミングで、冬にマイアミを出て夏にヨーロッパに就航する船が何隻か、近くの海に停泊していた。船の視察のためブレットとジェレミーがスペインに行き、エリオットとジェフはクロアチアに出向いた。

5000人を収容する水上都市みたいなものを探しているわけじゃない。だけど、そこまではなくても大きい船が必要なことに変わりはない。DC10の参加者の倍となる1400人を収容する船でも、全長6分の1マイル（約270メートル）で14階建てだ。

僕たちは、〝セレブリティ・センチュリー〟という全長814フィート（約250メートル）の船を、2011年4月に3日間借り切ることにした。マイアミから出航して、クルーズ会社がバハマに所有する島に停泊する。858人の乗組員がスタンバイしているから、参加者およそ2名に対して1人のスタッフが付く計算になる。

ジェレミーとブレットは地中海に停泊している間にこの船を視察し、その可能性に圧倒された。巨大なプールデッキ、入り口から中までずっと広がるロビー、高級レストラン、1000席の映画館など、僕たちがイベントに望む何もかもがそろっている。僕たちは参加者を予想もつかない世界に連れて行きたいし、この船ならそれができると思った。

海は陸とは違う

陸に戻って、僕たちはクルーズ会社のエグゼクティブチームと打ち合わせを始め、チャーター船の詳細と契約のポイントについて話を聞いた。ほどなくして、この規模のイベントを開催するには、予想もつかなかった新たな困難があることを知るのだった。

船はマイアミの港にイベント前日の1日しか停泊しない。これはつまり、船が到着してから機材を詰め込みデッキで組み立てステージを作り、それから1400人の参加者を乗せるまでの行程を、わずか24時間で終えないといけないということだ。

契約書の細かい部分を読み進めるにつれ、船上でのカジノに関して問題が生じる可能性も見つけた。

クルーズ船の契約時には、カジノを運営するかどうかが問われることが多い。カジノは一般的に金が儲かるため、利益を生み出すプロフィットセンターとして申し分ないが、かといって利益が**保証される**わけでもない。カジノが赤字になれば、僕たちが損失を埋めることになる。トランプ用テーブルで得た収益をチャリティーに寄付しようと思っていたものの、裏目に出て赤字になる可能性も生じる。

僕たちはしばらく意見をぶつけ合った結果、もう結論は出ているということに気づいた。参加予定者の中には、マサチューセッツ工科大学でブラックジャックチームだったプロのポーカープレイヤーやカードゲームのギャンブラーが数人いる。これならカジノを行う方向に舵を切ってもよさそうだ。

さらに条項について話し合うと、最初のクリントンのイベントで使った戦略が利用できることに気づいた。クルーズ会社は頭金として結構な額を求めたが、残金はクルーズの当日まで毎月分割して支払えばいい。頭金を支払うだけの金はあるし、残金はイベントのチケット販売をすぐに開始すれば月々支払っていけそうだ。チケット販売の大きなモチベーションにもなる。

ところが、すぐに気づいてしまった。僕たちはこれまで陸上でのイベントを成功させてきたけれど、海では勝手が違う。たとえば、クルーズ会社の重役の1人から電話がかかってきて、校閲した契約書を僕たちの海事弁護士が持っているか聞かれた。

「**海事弁護士？**」

「そうです、もうそちらの海事弁護士さんは契約書をご確認されているでしょうか」と彼は続けた。

「この船には国際海事法が適用されます。たとえば、そちらのフォース・マジュールにおける立場を確認する必要がありまして」

「えっ、**フォース・マ、何ですって？**」

僕たちの質問を聞いて、相手は僕たちに小冊子どころかレクチャーが必要だと思ったことだろう。「フォース・マジュール（不可抗力）」とは彼によると、ハリケーンなど契約を履行できない予見不可能な状況を意味する法律用語ということだ。

どこまで前に進んでも、新たな地点に立つたびに僕たちは無知を思い知らされ、振り出しに戻った気分になるのだった。

23
人材集め

ビジネスを拡大するとき必ず出くわす状況に僕たちもぶつかっていた。前回のイベントの規模を倍にして3日間のクルージングを成功させるには、人を雇ってチームを作るしかない。

DC10で得た収益の一部で、次回のイベントに備えて人を雇うことができた。ただ問題が1つあった。

クルーズ会社と契約を結ぶ際に多額の頭金を支払ったものの、まだイベントのチケットを売り出していない。チームを育てていこうという矢先に、僕たちはわずか2カ月でまたもや資金難に陥ってしまった。

多くのビジネスが立ち上げ時にこのような局面を経験するものだ。ベンチャーキャピタルに頼ることはできず、才能ある人たちから巨額のギャラを要求されてもそれが支払えない。カルチャーはいつだって重要だし、だからこそ厳しい状況にあるときには戦略をひとまず置いて、構築中のカルチャーに**さらに**重きを置く必要がある。

僕たちが求めているのは、高給取りの普通のエリートじゃなくて、さまざまな体験を強く望む人、志を同じくする冒険家に刺激を受けて、自分よりも大きなものの一部になりたいと願う人たちだ。

僕たちが探しているのは、僕たちのコミュニティや理念に賛同し、小さなチームだからこそ生まれる仲間意識に共感してくれる人たちだ。

そして僕たちが（限られた）金を費やすなら、多様性の大切さについて学んだことを生かすためでなければいけない。

僕たちに必要なのはさまざまな視点、さまざまな経験、さまざまな生き方だ。僕たちはいろんな人たちを仲間に加えたかった。仲間に加えるにあたってはこう自問する。この人たちはコミュニティの一員であるだけでなく、自分たちと一緒にコミュニティを導いてくれるだろうか、と。

チームの新メンバーたち

僕たちのファミリーにふさわしい人は、出会ってぱっと見た瞬間にわかる。

ナタリー・スピルガーがまさにそういう人だ。僕たちの初めの頃のイベントに参加してくれた彼女は、スタンフォード大学工学部を卒業し、シカゴ・レッド・スターズのプロサッカー選手になった。成功したアスリートはそれとわかるオーラを漂わせていて、チームでのプレーの仕方を心得ている。最高のアスリートは、競争相手が手強いほど力を発揮するんだ。

また、最高の状態にあるアスリートは、危機やプレッシャーに直面したときこそスローモーションに感じられるほど卓越したプレーを披露し、見ているこちらも本当に刺激される。

ナタリーは聡明で面白く、創造力にあふれ、飽くなき競争心に加えて、僕たちと同じ目的意識を持っている。

彼女はグリーンレーシーズ（緑の靴ひも）という慈善団体を立ち上げていた。グリーンレーシーズは地球を救うために、シンプルで効果的な2つのステップを提示している。1つは、地球を助けるという誓いを立てること。2つ目は、地球を支援する証しとして、グリーンレーシーズの靴ひもを付けること。グリーンレーシーズの緑の靴ひもは環境緑化運動のシンボルであり、リサイクルしたプラスチックで作られている。

ナタリーはわずかな予算でまっさらな空間を大きな体験の場に変えてしまう人だ。部屋の中を美しい空間に変えて、そこで一体となって何かを作ろうという気持ちにさせる卓越した手腕を持っている。彼女は僕たちのチームの女性第1号だ。

僕たちはバーバラ・バーチフィールドにも参加してもらった。彼女はハリウッドの大物ディレクターの1人と仕事をし、アーティスト・フォー・ピース・アンド・ジャスティスというハイチ救済の慈善団体の窓口をしていた。

そしてニューヨークから参加してもらったのは、オードリー・ブキャナンという才能ある若きプロデューサーだ。彼女は当時、サミットとの仕事が意義あるものかどうか計りかねていた。なにせオードリーは国内大手のPR会社で日々仕事に追われながら、スタートアップや慈善団体、TEDx（テデックス）ブルックリン（TEDからライセンスを受けたコミュニティ）などに同時にかかわっていた。

僕たちはオードリーに参加してもらおうと説得を試み、マイアミ大学海洋学部が地域の生態系を守る方法を紹介するために企画した、サメのタグ付けツアーに彼女を招待した。

サメといえば、浜辺近くで泳いでいる人間を襲うという怖いイメージを持たれがちだが、一方で毎年人間が**数百万頭**のサメを殺しているという事実は知られていない。サメは食物連鎖の下位種における弱っている個体や病気の個体を淘汰することによって、健全な下位種を維持するという重要な役目を担っている。そのため、人間がサメを殺す行為は生態系に危機をもたらす。

このツアーの目的は、海に出てサメを捕獲してタグを付け、血液のサンプルを採取して、サメの研究と保護に役立てることだ。

オードリーが巨大なイタチザメを上から眺めているとき、彼女はこちらが望んだとおりの表情を見せてくれた。そしてこのときの経験はまさに**彼女の知りたがっていた**ことだった。僕たちが思いついたスカウト戦略が一番うまくいった例だ。

こうしてオードリーが加わってくれた。後に彼女は僕たちのコンテンツの責任者となり、ライブや炉辺談話（暖炉を囲んで行う打ち解けた会話）など、分野横断的なプログラムを作ってくれた。彼女が指針を示してくれたおかげで、サミットではそれ以降およそ１０００回に及ぶトークイベントを開催することができた。

耳の痛い話

こうした女性たちは、入社したときから高いプロ意識と僕たちへの期待を抱いていた。話し方からメールの書き方、前向きなメッセージの出し方に至るあらゆることについて、僕たちに新たな課題を示し、これまで僕たちに欠けていた思慮深さというものを教えてくれた。

トークイベントを開催した後、僕たちなら「最高だった」と自画自賛する場面で、彼女たちがきょとんとするのを感じることがあった。「本当に？」と慎ましく質問してくれる人もいた。「最高だったですって？　どうだったのかはあらためて考え直したほうがいいと思う。いい結果だったはずがないもの」

当初、これは耳の痛い話だった。認めたくない現実だけど、批判の声は最高の贈り物でもある。

女性チームのおかげで、より多くの共感を得られる、深く考え抜かれたコンテンツを作ることができた。彼女たちは会社のほかの領域にもさざ波を広げて、もっと意識的に自分たちの思いを言葉と行動にしていくべきだと気づかせてくれた。

彼女たちを雇ったことは、サミットの物語の中でおそらく最も決定的な分岐点だっただろう。

こうしたすばらしい人たちがいなくても、イベントの女性参加者の数は付き合いが広がるにつれて増え続けたかもしれないけれど、今ほどのレベルには至らなかっただろう。それに、僕たちのイベントが女性たちの望む形になっていないがために、参加してくれる関係も長続きしなかったかもしれない。もしもの話はさておき、今の僕たちが女性事情に通じた仲間に助けられていることは確かだ。

数カ月足らずで、僕たちは会社を18人のチームまでスケールアップさせた。普通の会社とは違い、女性を積極的に採用することで成長した。一緒に働くのもいいが、僕たちは一緒に**暮らす**ことに決めた。そのプラスとマイナスに、僕たちはほどなくして気づくことになる。

24
一つ屋根の下で

この頃には、僕たち4人は延べ1万時間を超えて一緒に生活し旅をしてきたおかげで、互いのリズム、習慣、気分の歯車が完ぺきに噛み合っていた。とはいえ、突然新しい仕事仲間を迎え入れたばかりの状況で、数年かけて高まったシナジーをさらにスケールアップさせるのは簡単なことじゃない。

僕たちの会社に18人が入ってきたことで、多くの個性が加わった。サミットの強みは芯の部分がぶれないことにある。僕たちは一体化する必要がある。たとえそのためにニューヨークの狭いアパートで経験した、二段ベッド暮らしのような状況に戻ることになるとしても。

僕たちは社員をマイアミに集めて、サミット・アット・シーに集中することにした。当初は、街の周辺に家と小さなアパートとワンルームマンションを何軒かずつ借りて、毎日オフィスに集まればいいいと思っていた。すると社員の1人が、原点に戻って同じ屋根の下で暮らしてはどうかと提案した。

「住宅市場は、まだ回復しきってない」と彼女は切り出した。

「私たちみんなが暮らせるような大きな家が、通常賃貸される価格の何分の1かの値段で売りに出されているはずよ」

スター・アイランドの邸宅

そこで数字を見積もったところ、全員で金を出し合って1軒の賃貸に住めば、個別に借りるよりもはるかに広い家が手に入り、しかも1人当たりの家賃が安くなることがわかった。これなら、現在複数の物件を借りるのに支払っている金額のごく一部を出し合うだけで、18人全員が大きくてきれいな家で一緒に暮らし、働くことができるってわけだ。しかも、オフィスの賃貸料も浮くから、浮いた金を各社員の家賃の一部に充てることができる。

社員の1人がスター・アイランドに1万6000平方フィート(約1486平方メートル)の物件があることを聞きつけた。スター・アイランドはマイアミ・ビーチ沖のビスケーン湾にあり、音楽プロデューサーのP・ディディー、歌手のグロリア・エステファン、元プロバスケットボール選手のシャキール・オニールらが物件を所有する場所として有名だ。

１９８０年代の地中海風の邸宅が数カ月前から売りに出されていて、次の所有者に取り壊される可能性があった。２０１０年の終わりに、宮殿とはいっても海面が上昇しつつある沿岸のさびれた宮殿に投資しようという人はさほどいない。僕たちは、買い手が見つかるまでの間オーナーが貸してくれるか、確かめに行くことにした。

オーナーには18人が大挙して住むとは知られたくなかったので、数人で見に行った。大きな彫刻のような鉄の門が自動で開いて、だだっ広い大理石の車道に出た。そこを進むと、入り口の門に負けず劣らず宮殿みたいなお屋敷があった。家の一部はギリシャの断崖絶壁にそびえ立つ邸宅のような造りで、神話に出てくる人物の彫像が並んでいる。広大な庭、プール、ジャグジー、バドミントンのコート、海を見渡す大きなテラス。

家はとっくに最盛期の輝きを失ってはいたが、端から端まで歩いてみると、熱帯の島のファンタジーの中にいるみたいだ。現実的に見ても、僕たちのオフィスの倍の広さがあり、しかも木工エリアと作業エリアを設けられるほどの広大なスペースだから、次のサミット・アット・シーに向けて必要だと見込まれる50人から75人ほどの制作チームがそこで作業できる。

オーナーは僕たちに家を貸し出すことに同意してくれた。まさか18人がそれぞれ月１５００ドルを払い、残りは会社が負担するなど、向こうは知る由もない。

18人の共同生活

スター・アイランドの家では、生活様式が様変わりした。これまで学んできたことは、みんなをまとめて仕事と生活の共同体を作り上げる役には立たなかった。

寝る場所の割り当ては自然と決まった。ちょうど初期のサミットの参加者みたいに、部屋を共有する社員もいた。僕たちのほとんどが20代半ばだったから、寮暮らしのような生活にはさほど違和感がない。奥にはトランポリンも置いた。

観光ツアーの船が女優のロージー・オドネルや音楽プロデューサーのP・ディディーの自宅を見せようとそばを通る際、150人のツアー客は僕たちが戸外の机で仕事していたり、トランポリンで飛び跳ねたりしているところを写真に撮る。映画で見たことのない僕たちの顔ぶれを見て、きっと不思議に思うことだろう。

今思えば、キッチンがトラブルの火種になるのは予見できた。僕たち18人は家の中のルールを決めないまま集まった。家はべらぼうに広いが、キッチンは1家族だけが住むという想定で設計されている。キッチン1つでは僕たちみんなをまかなうことはできない。冷蔵庫はたった1台で、調理台も1つ。誰がきっかけで始まったのかはっきりしないが、お腹が空いた数人が別の人の食べ物をつまみ食いしてしまうなど、キッチンは一触即発の場となってしまった。

僕たちのコミュニティの価値はみんなが食事しながらまとまることであって、食事をめぐって口論することじゃない。僕たち4人が時間をかけて一体となったように、会社のみんなを一体化させなきゃならない。そのためには、家の中のみんながまとまるように、今のやり方を改革する必要があった。

アパートやワンルームマンションを個々に借りるよりも、大きな家を一軒借りるほうが経済的だと学んだ。だから、食べ物に関しても1つにまとめるのが得策だろう。

そこで僕たちは再び数字を見積もった。食料を買ったり外食したりするのに費やす金と時間をすべて合算した。それからシェフを雇って食料の買い出しをお願いし、1日数回18人に食事を出してもらう場合にいくらかかるか分析した。

結果、1人当たりざっと8ドル出せばうまくまかなえて、しかもシェフに給料を払える。スーパーの行列で待ったり、並以下の食事を作ったり、最後のヨーグルトを誰が食べたとかで争ったりしなくて済むし、そういう時間がもったいなく感じられた。

住み込みの料理人

ある女性社員が、マイアミのイタリアンレストランで働いている男性と親しかった。窓のない厨房を出ていくいい機会だと思ってくれるかもしれないと提案した。

彼の名はミハイ・モウゾー。ルーマニア生まれで、ニュージャージー州に移り住んだ彼は、心の底から自分の人生はボーナスステージだと考えている。だから感謝の気持ちと地に足の着いたところがあり、それを彼と会う誰もが見て取っていた。

ミハイは僕たちに試しに食事を作ってくれることになった。家庭的で体にいいものをリクエストした僕たちを彼は驚かせてくれた。健康的な食材を選んで次々と調理し、大皿料理が並んだ。鮮やかな色彩と香りに僕たちはポカンとなった。その場で彼の採用を即決し、この家に引っ越さないかと誘った。1週間後、彼は住み込みで料理を作り始めた。

ミハイは優しくて大らか、しかも空手の黒帯三段ときている。何だかバックにアクション俳優のスティーヴン・セガールみたいな料理長が付いているようだ。

ミハイは朝から1マイル（約1・6キロメートル）歩いて食料雑貨店に行く。いつも歩いて往復したがる彼は、野菜やタンパク質豊富な食材を袋いっぱい買い込んで帰ってくる。それから新鮮なサラダ、ローストチキン、グリルした野菜などの体にいい食事をたっぷり作り、毎日3つの大皿にそれぞれ別の料理を盛りつけてくれる。

料理の準備ができると、ミハイはベルを鳴らし、みんなが一斉にキッチンに下りてくる。家庭的な料理を家族のように食べながら、家族のように団らんしていたら、僕たちは家族みたいになれた。1日に3回社員が集まり、長いテーブルを囲って、仕事のことから生活のことまで語り合った。

決まった時間に集まって食事することで、秩序の観念も生まれた。この生活を始めてまもなく、毎日の皿洗いの当番のスケジュールが冷蔵庫に貼られた。僕たちは試行錯誤しながら、晩ご飯の食卓は家庭、あるいはイベントにおける最も過小評価されたコミュニケーション・ツールであることに気づいた。

僕たちはいろんな人を食事に招くようになった。食卓でゲストにインタビューし、会社を立ち上げたいきさつや人生で最も関心があることなど、彼らの話に耳を傾ける。

当時は気づかなかったけれど、この食事会が僕たちの土台となっていった。その土台の上にサミットの家があってコミュニティがあり、ブランドとしての価値が培われていく。新旧の友人たちと打ち解けてリラックスした環境で会食し、自分たちにとって最も大事な話題について話し合う。

この食事会の延長線上には、忘れられない思い出の一日が何年後かに待ち受けている。全長4分の1マイル（約402メートル）のテーブルを作り、900人を超える人たちがそこに座って食べながら隣同士で話すというものだ。

でもその日が来る前に、多くのことを軌道修正しないといけなかった。

25
僕たちの分割統治

DC10からサミット・アット・シーまでの1年間、僕たちは自分たちのことを、新世紀のスタートアップというよりもアーティスト集団とみなしていた。

「どんな出口戦略を描いていますか?」という質問は起業家が最も聞かれることの1つだ。でも、2010年5月から翌年5月までのあの充実した時期、僕たちに出口戦略なんてなかった。せっかく懸命に築いたものに出口なんか設けたくなかった。

僕たちが夢を成し遂げられたのは、大切に思う人たちと一緒に、ただ好きなように生きて好きなように創造する自由を手に入れたおかげだ。自由に行動できればそれで十分だった。ただひたすら、もっと夢を広げ、世間にもっと大きなインパクトを与えたいと思っていた。

会社を売却して大金を得たところで、好きでやっていたことを失うんだったら、それが何になるんだろう。バンドはアルバムを売るのであって、バンドを売却したりしない。僕たちはやると決めたら、成し遂げるまであきらめない。

僕たち4人は参加する時期こそそれぞれ違っていたけれど、つねに互いを同期だと見なしている。ブレット、ジェフ、ジェレミーからみんなで共同創業者にならないかと打診されたエリオットは快く承諾し、裏庭での食事会で4人がサミットの共同創業者だと公言した。

しかも当のエリオットは、サミットを最初に立ち上げることができたのはライアンのおかげだとも感じていた。そこでワシントンDCのライアンに電話して共同創業者の名義を打診すると、彼も快くこれを受け入れた。

強固な絆を確認すると、サミット・アット・シーを実現させるために必要なピースを集めるべく、僕たちは四方に散った。

僕たち4人はよく「分割統治」というフレーズを使ったが、ジュリアス・シーザーが古代ローマで用いた戦略とは違う。僕たち4人の場合は敵を征服するために分割する戦略ではなく、集まって目標を設定してこれを四等分し、各自で行動して自分のピースを達成するというものだ。

最初のステップは、輝かしい講演者のリストを作成することだ。僕たちは手分けしてあらゆる大規模な会議やイベントに足を運び、イベントの顔にしたいと思うソートリーダーを探した。

エリオットはコスタリカのイベントに出向いたときに、ショーン・スティーブンソンに出会った。自らを「3フィート（約91センチメートル）の巨人」と好んで呼んでいたショーンは、生まれつき骨《こつ》形成不全症という稀な病気を抱えていて、骨が非常にもろい。

彼によると、自分が生まれるときはこねられてぺちゃんこにされたままホームベーカリーから出てくるような状況で、世に出たときほとんどの骨が粉砕していた。医師は余命24時間と告げたそうだ。彼はどうにか生き延びたものの、その後はくしゃみをしただけで鎖骨が折れてしまう。

ショーンはずっと車いすの生活だが、誰にも同情してもらいたくなかった。それどころか、こうしたハンディキャップをモチベーションへと変え、自分の主な使命は人々から不安を取り除くことだと考えている。そんな彼はモチベーショナル・スピーカー（人々を励まし奮起を促すスピーチを行う人）として、もっぱら学校の児童や教会の青年部の若者たちに語ることから出発した。

だが、ある少女から、「どうして私は自分の体を傷つけたくなるのかな?」と聞かれて、ショーンは答えられなかった。そこで「答えを見つけてくるよ」と約束した彼は、学校に戻って自尊心についての心理学を学び、**博士号**を取得するのだった。

そのショーンがサミット・アット・シーにやってくる。

ビッグネームへの連絡

「船1隻を借りた」と口にするだけで、以前にはできなかった会話の取っ掛かりになった。なかなか電話に出てもらうのが難しかった人に電話口でこう言える。

「こんにちは、5分いただければ、この会議がどれほど時間を割いていただく価値があるのかご説明いたします。まず、海のど真ん中の船上で開催します」

あとはイベントの要となるビッグネームが必要だ。連絡したのは、僕たち全員にとって刺激的な起業家、ヴァージン・グループのリチャード・ブランソンだ。彼をつかまえようと、知人の中から彼を知っていると思われる人たちに何十回も電話し、それ以上のメールを送り、ついに彼にたどり着くことができた。そこから3カ月にわたる粘り強い交渉の末、彼は承諾して講演をしてくれることになった。

一方、ジェフとブレットは音楽を通じて僕たちの存在感を示そうと考えた。そういえば、まだ一流のエンタメをイベントに盛り込んだことがなかった。会議の枠から離れて多分野にまたがるフェスを推し進める僕たちにとって、世界レベルのパフォーマンスを披露してもらえたら最高だ。以前のように地元のＤＪを招いた大学のパーティーのレベルからステップアップする時期にきていた。

サミットで親しくなった人のツテで、ジェフはヒップホップ・バンドのザ・ルーツに連絡を取ることができた。ルーツはテレビ番組『レイト・ナイト・ウィズ・ジミー・ファロン』の専属バンドになったばかりだった。

ジェフが、イベントにはリチャード・ブランソンを呼ぶ予定で、マイアミ大学の研究者とサメのタグ付けツアーを行い、人里離れた熱帯の島でのディナーを体験してもらうとアピールすると、ザ・ルーツは参加を決めてくれた。

ただし、ジミー・ファロンのテレビ番組の収録が終わった翌日、船が出るまでに、バンドのメンバー総勢9人を機材と一緒にマイアミまで運ばなくてはいけない。これまで直面した中でも最も厄介なスケジュール管理だ。でもチャレンジするだけの価値はある。

一方、ブレットは魔法のような飛び込み営業テクニックを駆使した。あの手この手で入手した音楽業界の一流どころのマネージャーの連絡先に、50通近くのメールを送って友好的な関係を築き、エレクトロニック・ミュージックの最大手エージェントにたどり着いた。

エージェントはプリティ・ライツを紹介してくれた。プリティ・ライツは2000年代終盤に盛り上がったアメリカのエレクトロニック・ミュージックの顔的存在だ。本名はデレク・ヴィンセント・スミスだが、演奏に伴うドラマチックなレーザーと光のディスプレーにピッタリのステージネームだ（その後、僕たちは船上でのライトショーの演出について検討することになる）。彼は音楽産業の未来についての講演を快く引き受け、無料でライブを行うと言ってくれた。

ブレットはスウェディッシュ・ハウス・マフィアのソロDJ、アクスウェルも呼んだ。参加者にはラッパーのピットブルも加わり、ゲストはJWマリオットのイベントで招いた地元のDJから、大規模な音楽フェスで見るような大物へとレベルアップした。

バンド活動をしていたジェレミーが、この音楽という分野に関わらないのを不思議に思うかもしれないけれど、アイス・ナイン・キルズで何年もツアーに明け暮れたせいで、彼はほかの3人ほどミュージシャンの出演交渉に興味を持たなかった。代わって引き受けたのは、ジェレミーにとってこれまでで最難関の任務の1つだ。

船上のWi-Fi設置

僕たちがWi-Fiサービスがない場所に引っ越すたびに、ジェレミーが事実上のハイテク係を引き受け、インターネットにつないでくれていた。今回、彼の任務は、国際水域の航行中に船上の参加者がWi-Fiを使えるようにすることだ。

船内には一応インターネットサービスがあるものの、ネット環境が悪くて速度が極めて遅く、1人当たり100ドルもかかる。とはいえ僕たちが招く人たちにとって、ネットなしで済ますわけにはいかない。

システムの取り付けは決して簡単ではない。でも大型船を1隻借りた僕たちにとって、ばかげたことや不可能なことなど何もない。そこでジェレミーは、人工衛星を借りる案を思い立った。

ジェレミーは通信会社に電話して、地球を周回するいくつかの人工衛星を時間単位で買い上げ、船のシステムと同期させることで高速のサービスを提供しようと考えた。ほんの数カ月前、ジェレミーは僕たちのウェブサイトとデータベースを一本化する技術を身に付けたばかりだ。それが今やNASAレベルの通信世界に挑もうとしている。

あいにく衛星に再接続する費用は法外なものだったため、すぐにジェレミーは僕たちのネットワークのCTO（最高技術責任者）たちに連絡して別の解決策のアドバイスを求めた。彼らが口をそろえて提案したのは、イントラネットを作ることだ。イントラネットはインターネットみたいなものだけど、外部との接続が必要ないから船には理想的といえる。

このためには船にいくつかのサーバーを設置することが必要で、これは気が遠くなるほど複雑な作業だ。船のメインフレーム（大型コンピューター）に干渉しないようにしながら、サーバーをインターネットに接続しないといけない。メインフレームに干渉すると、Ｗｉ－Ｆｉ接続によって船の操縦をハイジャックされてしまう可能性が生じる（インターネットで海賊行為ができてしまうのは、音楽だけじゃないんだ）。

ジェレミーはすぐさまこの仕事は自分の給与のレベルを超えていると察知し、実際に仕事を熟知するハイテクのコンサルタントを数人雇うことにした。彼らは僕たちのスター・アイランドの家にやってきて、仕事に取り掛かった。Ｗｉ－Ｆｉのルーターを庭中に設置して、船上でどう機能するかシミュレーションを行う。

幸い、システムは機能した。でも、不安はまだ大きかった。参加者がチケットを買う前に特に心配していたのが、船上でインターネットがちゃんと使用できるかどうかだった。僕たちは大丈夫ですと言ったばかりか、無料提供を約束してしまったんだ。

1000項目の同時進行

僕たち4人が四方に散らばってアイディアや成功話を持ち帰ると、ものすごい速度で前に進んでいる気がした。なおいいことに、分割統治戦略は成長著しい僕たちの会社全体にも波及し、社員も散り散りになってそれぞれの任務に取り組んだ。ありがたい。なにせリストアップした課題をチェックして消すたびに、新たな課題が浮上してくるのだから。

スター・アイランドのガレージは作業場となった。僕たちは電動ノコギリや溶接機を抱え、社員は朝から晩まで、テーブルを組み立て、船のプールにダンスフロアを設置し、参加者に贈る歓迎のギフトを包装する作業ラインを作るのに汗を流した。

僕たちはクルーズ船のデッキで葉物野菜のトスサラダのランチを出すために、長い曲線状のテーブルをオリジナルでデザインした。でも、その部品はバラバラの状態で家の私道に置かれ、ボルトもちゃんとはまらない状態だった。数日間かけて、社員のナタリー・スピルガーの弟ニックがマイケル・ヘブ（僕たちの食事を演出してもらおうと、彼と再び手を組んだ）と外に座ってこのテーブルを調整して、自分たちで解体し船まで運んですぐに組み立てられるようにした。12時間で終えるべき作業が4日を超えてしまった。

こうした遅れのせいで、ほかの作業にもしわ寄せがきた。数百個の枕を船の中に運び込まなきゃいけない。音響システムをデッキからステージに上げる人力のクレーンも手配しなきゃいけない。船に機材を設置するだけでなく、ステージ、レストラン、バー、イベントを行う空間など、クルーズ会社がバハマに所有する島におけるそれぞれに凝ったエリアの設営も手配しなきゃいけない。

こうした1000の項目を同時進行で進めていくうちに、やがて明らかになったのは、僕たちにはそのすべてに対応できる制作責任者が必要だってことだ。会ってすぐに、彼なら適任だと思った人がいる。

DC10で最高の制作リーダーだったペリー・デコヴェニーだ。僕たちは彼に電話して、サミットに来てもらうよう勧誘した。ペリーは大みそかにさまざまな都市で同時に行われる数十ものイベントを手掛けていた。イベントの準備期間中は1日3時間の睡眠で乗り切り、しかも周囲でどんなにストレスフルで面倒なことが発生しても穏やかで冷静にしていられる。

そんなペリーはイベントのわずか4カ月前に加わってくれた。マイアミの家に越してくると、すぐに業者との契約交渉に入り、70社もの販売業者を斡旋し、保険証書をチェックし、臨時の契約スタッフを管理し、ショーの流れをきめ細かく作り始めた。

スター・アイランドの家はハチの巣をつついたような状態になった。中庭にある縦6フィート(約183センチメートル)、横8フィート(約244センチメートル)の船の設計図を描いたキャンバスの前をみんながバタバタと駆け抜け、緊迫した空気が漂う。3日間で行う100のアクティビティに対する計画のあらましが、船のフロアごとに大まかに書いてある。

僕たち18人のチームは明確な役割分担も行わずに、できることは何でも助け合ったが、少なくとも僕たちは実際の会社の**体裁**を取るようになってきた。

そして2011年4月7日になった。僕たちは実際の会社のように一体となって**振舞わないといけない**。普通なら3日を要するイベントの準備を1日で終えないといけない。開始まで残り24時間を切っていた。

26

波乱の船出

エベレストを登るように24時間ずっと休みなく機材や備品を階段で運ぶことになるなんて、むしろ事前に知らなくて幸いだった。しかも事あるごとに障害が待ち受けていた。

てっきりインテリアや看板、美術品、ステージの装飾をホテルの宴会場に運び込むようなものだと僕たちは思っていた。ところが到着して初めて気づいたのは、税関であらゆるチェックが入るために深刻な遅延が生じるということだ。備品を載せたりステージ作りに用いたりするパレットは、船体の下側に送られる。そのため、わざわざエンジンルームの近くまで下りてから、パレットを14階建ての最上階にあるデッキに用意したイベントスペースまで急いで運ばないといけない。

もちろん、〝セレブリティ・センチュリー〟にはエレベーターがある。でもそれを待っている時間がもったいない。

一方、ジェレミーはすぐにイントラネットの設置に取り掛かった。ジェレミーと彼のチームはフロアごとにWi-Fi中継機を調節し、互いに通信できるか試す。テレビドラマのマクガイバーさながらに機械をいじり回した後、全システムをオンライン化する時間を迎えた。チームは掃除用具入れほどの大きさの小部屋に設置したコマンドセンターに急いで向かい、サーバーのスイッチを入れた。そして、胃をひきつらせながら1個ずつシステムの明かりが点滅するのを見守った。

サーバーがブーンと鳴った。ジェレミーはスマホに飛びついてアプリを試した。作動した。本当に作動した！　参加者には知る由もないが、裏では目に見えない勝利があり、その瞬間を祝福できるのは僕たちだけだ。ともすればよくない事態だけが記憶にとどめられがちだけど、逆にいい方向に行けば、沈黙こそが祝福の合図となる。

参加者の大渋滞

機材を船に載せてから24時間が経っても、僕たちは照明を点検し、看板を設置し、イベントの空間を組み立てていた。そして参加者が乗船する時間が来た。僕たちが4カ月間夢に見ていた瞬間だ。

ジェレミーとチームのメンバーが1人、最高部のデッキに行って、誇らしげに縦120フィート（約37メートル）、横80フィート（約24メートル）の旗を船の側面に掲げた。旗にはこう書いてある。

MAKE NO SMALL PLANS（ちまちました計画なんていらない）

ジェレミーにとっては月面に旗を掲げるような気分だった。美しい光景だけど、問題が1つあった。この旗が見える距離に、参加者はほとんどいなかったんだ。

その朝僕たちが学んだ教訓は、どれほど周到に準備しようとも、計画した通りには運ばないということだ。だから、予期せぬことが起きた瞬間にどう対処するかが、何より重要になってくる。

僕たちは参加者に午前9時までに乗船するようにお願いしたが、まさかみんながその指示に従わないとは思ってもいなかった。みんなには早めに到着して乗船手続きをすることが大切だと伝えておいた。書き込む書類とパスポートの審査があるからだ。空港のTSA（米国運輸保安局）のチェックポイントみたいなものだが、それよりはるかに時間を要する。

その朝打ち合わせが入っていた参加者もいるだろう。寝坊した参加者もいるだろう。ブランチの最中だったり、あるいは空港からこちらに向かっている人もいるだろう。僕たちにはわからない。わかるのは、時間通りにやって来たのはほんのわずかな人たちだけだったってことだ。

正午になっても、数人がちらほら現れたのみ。午後3時になって、ようやく大勢の参加者が港に集まってきて、巨大な渋滞が発生し、桟橋に蛇のような長い行列ができた。

イベントは始まってもいないのに、参加者から不満の声が漏れ始めた。僕たちはすぐさま港まで行って挨拶し、来てくれたことに感謝の気持ちを伝えた。でも、船に乗るまで2時間待たないといけないことを知ると、僕たちにとってヒーローのような人も含めて、大半の参加者は一様に不機嫌になった。

1人がエリオットを見つめてこう嫌味を言った。

「これはジョークかね？　こんなに行列で待たされるのは初めてだ。結構なイベントを仕掛けてくれたようだね」

僕たちはすぐにDJの1人に、港近くのビルの玄関ホールにブースを作って、音楽を流して緊張を和らげてくれないかと頼んだ。そして料理チームに無線で連絡し、カットフルーツや飲み物を持ってこさせた。僕たちがそれらをトレーに載せて行列に持っていき、目を合わせて挨拶をしながらみんなに配った。

もっと効いたのは、数百人の参加者に、乗船前に互いに自己紹介してもらったことだ。すると列の中で参加者同士のつながりが生まれていき、僕たちが常々求めてきたサマーキャンプのノリがデッキの重い空気を洗い流し、本人たちも予想しないほどみんなの機嫌がよくなった。行列で立ち往生にはなったが、その間にみんなが自由になった。フタを開けてみると、船に乗る前からパーティーが始まっていたような状況が生まれた。

相次ぐトラブル

参加者が税関の手続きを済ませると、船の一部を使用できるキーカードが各自に渡される。そんな中、長い行列が前に進むにつれて、数人がイベントに侵入しようとして捕まったという知らせが入った。まんまと船に乗り込んだ1人が船から降りて、参加登録もしていない別の人物にキーカードを渡したという。

侵入者といっても、本人たちはフェンスを越えて音楽フェスに忍び込むような悪ふざけのつもりだったのだろう。でもアメリカ税関・国境取締局（ＣＢＰ）は、飛行機への侵入と同等にこれを深刻に受け止めた。

エリオットが現場に到着すると、彼らは手錠を掛けられるところだった。「そんなことをしないでください」とエリオットはＣＢＰのエージェントに叫んだ。「僕たちは大丈夫ですから、解放してやってください」

「黙って3歩下がるんだ」とエージェントの1人が怒鳴り返した。「そうしないと君も刑務所行きだ」

エリオットには議論している暇はない。複数の参加者から、自宅にパスポートを置いてきてしまい、どうしていいかわからないというパニックのメッセージが届いた。しかもザ・ルーツから、ジミー・ファロンのショーの収録が延びたため、間に合わないかもしれないという知らせまで届いた。

周囲を見回して船に**乗った**面々が目に映ると、僕たちの緊張は少しだけ和らいだ。リチャード・ブランソン、クリス・アンダーソン（TEDのチーフ・キュレーター）にベス・コムストック（当時、ゼネラル・エレクトリックの副会長）。それでも僕たちはしびれを切らして待っていた。すると出航直前にやっとザ・ルーツが乗船した。

日が沈み、僕たち4人はプールを見下ろす2階席に立ち、海とマイアミの地平線に目をやった。深いボーという汽笛が聞こえる。出航を告げる厳粛な音だ。ぐらりという傾きを感じると、船は岸から離れた。

信じられない。自分たちがやったんだ。全部うまく行った。本当に**うまく行った**。

そして5分後に、イントラネットが機能しなくなった。

みんながすぐに気づいた。〝同僚とどうやって連絡を取ればいいんだ。今手掛けている契約をどう進めればいいんだ〟

もっと切実なのは、〝どうやって家族と連絡を取ればいいんだ〟という声だ。

参加者は動揺し、テレコムのCMみたいに携帯電話をかざしてデッキ中を歩いた。アンテナが見つからず、サミット社員の元に飛んでくる。そしてサミット社員はジェレミーに駆け寄って、一体どうなっているんだと問い詰めた。

ジェレミーはすぐに復旧作業に取り組み、必死で解決策を考えた。でも船が港から離れて海に出ると、ほどなくしてお手上げの状態となった。岸からわずか数マイルで、僕たちはインターネット停止という氷山に衝突してしまった。

すると誰も予想しないことが起こった。参加者たちが僕たちの元にやってきて、インターネットが**使えない**ことがどれほどすばらしいことかと口々に言い出したんだ。携帯電話のせいでリアルでの人同士のつながりがどれほど妨げられていたかに気づき、自分を存分にアピールし初対面の人とでもすぐに仲良くなれる状況をいたく気に入ってくれた。

僕たちにはすばらしい教訓だった。思わぬところでミスがいい方向に作用した。

当初ミスとか大失敗に思えたことが、カルチャーを前に進めるための軸足の1つとなり、僕たちに新たなモットーが生まれた。〝僕たちの進む方向にＷｉ－Ｆｉはないけれど、それ以上の人脈が手に入ることを約束してみせる〟と。

27

海の上の3日間

サミット・アット・シーで最初に講演をした人はもうこの世にはいない。でも、船にいた誰もが彼を一生忘れないだろう。

車いすに乗ったショーン・スティーブンソン博士が、高性能の車輪の縁を両腕で上下に押して操作しながらステージに登場した。自分の不自由な体をネタに世界から不安を取り除きたいと考えるショーンは、言葉を発する前からすでに自分をアピールしていた。

Tシャツとジーンズという姿で、すっかりリラックスしている。車イスに乗って巧みにステージを旋回する様を見ていると、彼が生まれつき入っている「コンテナ」を完ぺきに使いこなしているのが見て取れる。彼の笑顔を見た誰もが、不自由な体をものともしない彼の自信を感じ取るのだった。

「みなさんにいいお知らせと悪いお知らせがあります」とショーンは始めた。

「まず悪いお知らせから始めます。悪い知らせは、この船から、数人が降ろされてしまったことです。いい知らせは、その降ろされた連中がただのろくでなしだったことです」

会場からはぎこちない笑い声が巻き起こった。みんなが気まずそうに互いを見合ってから、ステージのショーンに目を移した。そのショーンはこれまで見てみぬふりをされ続けてきた人物だ。

「みなさんは勝ち残り組ですから」とショーンは続けた。「水着でプールに出れば悩みも忘れられます」

彼はまた絶妙な間を置いた。

「私にとって自尊心とはそんなものです」

20分間にわたって、ショーンは成功した人でいっぱいの会場から少しずつエゴを取り除いていった。

「自信の本質は自分を**前に進める**ことです。傲慢とは自信を**前に出す**ことです」

「感情は人間にとっての通貨です。そして自分の感情を大勢の人たちに届けるすべを本当に理解できる人は、世界で最も豊かな人です」

「愛してもらう最善の方法は、愛を与えることです」

彼は数時間前に会ったばかりの観客に対し、エクササイズとして、隣にいる人に傲慢なろくでなしになりきって挨拶してみるように言った。それから今度は、自分たちが極めて内気な人々であるかのように挨拶してもらった。異なる2つのエクササイズによって、自分たちがどのように周囲の人に心を閉ざしたり、傲慢になったりと態度を変えるのかが観察できた。

それから、彼はみんなに古くからの友人のように挨拶するよう求めた。会場にハグやハイタッチ、笑顔、熱気があふれた。ショーンが話を終えると、会場のみんなが一体感を感じた。

彼はそれから8年後に40歳で亡くなってしまう。生まれたときに医師から告げられた余命より39年長く生きた。

サミット・アット・シーでショーンと過ごした時間は、僕たちの人生とサミットのカルチャーに深く染み込んだ。それは彼が僕たちに教訓を残してくれたおかげだ。人の本質は見た目に左右されるものじゃない。人をその人たらしめるのは見た目ではなく、行動の積み重ねであって、両手を広げて熱い気持ちで仲間を歓迎することで、これまで以上に自分の価値を高め、相手と深くつながることができる。そう教えてくれた。

弾け出るエネルギーと活気

ショーンがステージに上がって**場を温めて**くれた後、会場はどこを見回してもすばらしい出会いにあふれていた。

通路ではシリアル・アントレプレナー（連続起業家、いくつものベンチャー企業を立ち上げる起業家）のゲイリー・ヴェイナチャックが大勢に取り囲まれて、質問とディベートの輪が6時間続いた。ゲイリーを見ていると、チェスの名人がボードからボードへと移動しながら同時に複数のゲームをこなしているみたいで、ジェフが数年前にホワイトハウスで見た光景を髣髴とさせた。あのときと同じように、みんなが通路に集まって学び、楽しんでいた。

当時はエンタメやIT業界の人、インフルエンサー、投資家たちが互いに深く交流する機会はほとんどなかった。でも、この船の上にはこれまでなかったような出会いの糸が張り巡らされている。

サミット・アット・シーでは、PayPalの共同創業者ピーター・ティールがチェスター・Ngとジャック・アブラハムに出会い、彼らに資金提供することになった。チェスターとジャックはその後アトミックを創設する。アトミックは、シリコンバレーの中でもとりわけ著名なベンチャースタジオかつインキュベーター（起業支援組織）となっていく。

環境団体ネイチャー・コンサーヴァンシーを率いる科学者、M・サンジャヤンは、生態系の回復と繁栄のために海の捕獲禁止区域の重要性について語った。この3日間で、僕たちは彼のために100万ドルを集め、70平方マイル（約181平方キロメートル）に及ぶバハマの海洋保護区域の創設に協力した。

誰でもザッポスのトニー・シェイの元に行って、のびのびと会話することができた。クラウドファンディングのプラットフォームである、クラウドライズの共同創業者ショーナ・ロバートソンや、非営利のベンチャーファンド、アキュメン・ファンドの創業者ジャクリーン・ノヴォグラッツのような女性起業家のヒーローたちもいる。ラッパーのピットブルとザ・ルーツのドラマー、クエストラブは階段吹き抜けで、ジャム・ルームの楽器を使って参加者が結成したバンドを指揮していた。

講演する面々のメッセージは船にいる全員の心に深く響いた。

多彩な分野のコンペを開催するXプライズ財団を立ち上げたピーター・ディアマンディスは、急激に進化するテクノロジーを使えば世界を変えられると訴えた。ゼネラル・エレクトリック（GE）のベス・コムストックは、技術革新は今や世界のGEの領域ではなくスタートアップ企業の領域だと語った。彼女はこんな名言を残した。「変化のペースは今後ますます加速していくでしょう」

先の科学者のM・サンジャヤンは、どれほど僕たちが地球を汚したかを指摘すると同時に、一人ひとりがどんな形でその解決の一端を担えるか深く考えてほしいと訴えた。

どの講演にも、どの通路にも、どの食事にも、どのエレベーターにも、みんなが集まった。

夜遅く、プリティ・ライツのパフォーマンス中にブレットがレーザー光源の方を見上げていると、デッキのダンサーが勢い余ってプールに落ちるのが見えた。ジェレミーは船でネットがつながらないことに感謝するみんなから、賛辞を浴び続けた。〝3日間みんなに目の前の瞬間を大事に生きるようにさせるなんて、天才でないと思いつかないコンセプトだ。どこからそんなアイディアが浮かんだの？〟

船がもはやイベントのエネルギーに耐えられないかのようなときもあった。文字通りのエネルギーだ。ザ・ルーツのステージで、音響と照明のシステムがエンジンルームのエネルギーを消費しすぎて、船上が停電してしまったんだ。

それでもバンドはドラムやホーン、サクソフォンなどアコースティック楽器で演奏を続け、生涯に一度だけのアンプラグドによるパフォーマンスを観客に披露した。

サミット・アット・シーがすばらしい結果を生んだのは、数年かけて培った経験のおかげじゃない。実際、コンサートの最中に停電するなんて、ロックフェスティバルのロラパルーザの創業者から見れば僕たちは素人に映っただろう（彼は後にそう言ったし、僕たちはこのフィードバックにすごく感謝している）。

そうはいってもロラパルーザはこのときまでに20年続いていたわけで、自分のキャリアの第1章と誰かの第27章を比べても仕方ない。サミット・アット・シーで生まれたものを一言で言うなら、船体の美しいラインから海へと弾け出るようなエネルギーとみなぎる活気そのものだった。

限界まで走りきる

3日目、イベントを計画し盛大な料理を準備している島から1マイル（約1・6キロメートル）

のところで船を停泊させエンジンを止めた。それからまもなく、7人の参加者が船の7階から海に飛び降りた。

このとき、ジェフはサー・ロナルド・コーエンとのこれまで経験したことのないほど高尚な会話を終えたばかりだった。コーエンはソーシャル・インパクト・ボンドという、官民連携で民間資金を活用し社会問題に取り組む手法を開発した人物だ。そして会話のもう1人の相手がストリート・アーティストのJRだった。そんなジェフの耳に、ボートから緊急を知らせるアラームの音が入ってきた。

〝メーデー、メーデー〟

僕たちは右舷《うげん》（船の右側）に駆け付け、飛び込んだ人たちの安否を確認すると、幸いみんな無事だった。プロのエクストリームスポーツのアスリート数人が主導した、勢い余ったただの悪ふざけだったのだけど、船の当局はそうは見てくれなかった。飛び込んだ全員を収監して、国際海事法違反の罪で陸の当局に引き渡そうと考えている。彼らが船内の監禁室に入れられないように、僕たちは交渉力を駆使した。

こういったことが72時間ノンストップで続いた。エリオットは72時間ほとんどずっと司会を務めていたのだけれど、最終日に、ある高名な人を１０００人を超える聴衆に紹介して今まさに講演会を始めようかというとき、その人ができないと言ってきた。

「できないとはどういうことですか」

「幸運のブレスレットを部屋に置いてきたから」

「大丈夫です。部屋に戻ればありますよ」

「でもそれがないとステージで流ちょうに話せない」

エリオットはその人のルームキーをつかんで、4分の1マイル（約402メートル）先の船の反対側まで全速力で走り、7階分の階段を上って部屋に入った。彼の持ち物をくまなく探してやっとブレスレットを見つけ、また7階分の階段を駆け下りて4分の1マイル先の会場に戻った。そして、講演者にブレスレットを手渡すと、マイクを握ってその人を紹介した。シャツが透けるほど汗びっしょりになっていることにも気づかないくらい必死で、暑さに耐える犬みたいにハアハアと息を切らしていた。

船上では社員の誰もがギリギリまで仕事に追われ、72時間後にその影響が顔をのぞかせた。メイン会場で終了の挨拶をして参加者に別れを告げるにあたり、社員18人全員がステージに上がって端から端まで並んでいすに座った。そうして感謝の言葉を述べているとき、社員の1人がステージ上で眠りに落ちて、隣に座っている人に寄りかかってしまった。限界まで全力を出し切った結果だ。

1分1秒も無駄なく充実させたかった僕たち4人は、最後の夜にまったく睡眠を取らなかった。最終日の朝にみんなが船から降り始めたときには、目にクマができて立っているのがやっとだった。それでも、参加者一人ひとりと目を合わせて感謝を伝えるときは感無量だった。

わずか3年前、アスペンのイベントのチケットを売るために無礼なメールを送ってからいろいろなことがあった。だからこそ有意義に終えることができて何よりだった。

そしていつも通り、終わりの瞬間はそれよりはるかに大きなものの始まりでもあった。

28
あえて立ち返る

クルーズ船で壮大なイベントを催したのはいいが、問題がただ1つ。それを超えるものを考えて実行するのがほぼ不可能になってしまうことだ。クルーズ船は僕たちの中で最も大きなアイディアだったから、これより壮大なものは思いつかない。一方で、僕たちの行動力と団結力を知ったサミットのコミュニティは、次のイベントが必ず前回を超えるものになると期待してしまうだろう。

クルーズ船では1400人を集めたエキサイティングなイベントを開催したものの、コミュニティからは、もう一度もっと距離の近さを感じるイベントをやってほしいというフィードバックがあった。

125人から250人へと拡大するのと、250人から750人へと拡大するのとではまったく違う。まして750人から1400人へと一気に拡大するのは別次元だ。こうした拡大を続けながら、スタート当初の信念を維持していくのは不可能だろう。

僕たちは長い時間をかけて話し合った。フェスや会議の世界で、次のイベントの規模を**小さくする**などという話は聞いたことがない。イベントビジネスの目的は、もっぱら規模を拡大することにある。収益の面から見れば、イベント規模を縮小するなんてナンセンスだ。でも、コミュニティという面から見れば意味がある。

僕たちはワシントンDCのあの夜に思いを馳せた。ザッポス創業者のトニー・シェイが僕たちを脇に呼んで、コミュニティを築く際のカルチャーが重要だと力説した夜だ。その考え方からすると、ROI（リターン・オン・インベストメント：投資の利益）よりもROC（リターン・オン・コミュニティ：コミュニティへの利益）に集中するほうに意味がある。利益を最大化するよりも、参加者がずっと来てくれるような信頼関係を築くことに専念しよう。

そこで次のイベントは800人に規模を縮小して、タホ湖のスコーバレー（現在はパリサデス・タホとして知られている）のスキー場を予約して、海からスキーへとこれまで通りに戻した。僕たちはこのイベントをベースキャンプと呼んだ。

この段階になると、基本的にチケットは放っておいても売れるようになっていた。参加者の数を絞ったおかげで僕たちには時間の余裕ができ、お馴染みの冬のワンダーランドで、参加者にどんなプログラムでどんな体験をしてもらうかをじっくり考えることができた。

マイアミからマリブへ

問題が1つあった。今いるマイアミはシエラネバダ山脈から離れている。もう僕たちはサウス・ビーチにいる必要はないので、マイアミのスター・アイランドから西海岸に移るときが来たと考えた。僕たちは荷物をまとめて会社全体をロサンゼルスに移すことにした。ハリウッドに近くなるし、シリコンバレーのハイテクの起業家たちの近くにもいられる。

社員の1人、デヴィッド・デンバーグはロサンゼルス近郊のマリブ育ちで、こちらのリクエストに応えてくれるような地元の不動産屋を紹介してくれた。「ビーチのそばで、家具付きの18人分の寝室がある家がほしい」という何とも風変わりなリクエストだ。

金はかかるが、マイアミほどじゃない。賃貸料は1人当たり月1000ドルで、オフィススペースの分は会社が負担する。今回も、各自が自分でアパートを借りるよりもはるかに安く上がる。

僕たちの要望に見合う家が**1軒だけ**見つかった。マリブの沿岸にある大きな家で、ロサンゼルスから車で1時間。1977年以前に建てられたため、カリフォルニア沿岸委員会から一戸建ての面積の上限が適用されない。おかげで沿岸の新しい家よりずっと大きい。ただし、2700マイル（約4345キロメートル）も離れたマイアミから見学することはできないから、代わりに写真を見るしかなかった。

外観は壮大だけど、中は橙色の1970年代のカーペットや時代遅れの壁紙が目につき、ドアというドアの枠から塗装が剝げかかっていて、窓にはすべて厚いフィルムが貼ってある。そうはいっても、僕たち全員が住めるのはこの家だけだ。だから中の古さはどうってことないし、イベントを通じて習得した空間作りのスキルを使ってきれいにすればいい。僕たちは内見なしで賃貸契約を締結し、2011年6月1日に引っ越すことになった。

男の幽霊

サミット・アット・シーの後、5月の残りは全社で休みを取って、旅で英気を養うことにした。全員でカリフォルニアまで飛んで、初夏のビーチハウスに行く計画を立てた。

僕たち4人は自分たちが借りた家を見ようと、初めてロスから車を北に1時間走らせたものの、完全に家を見過ごしてしまった。入り口が通りから隠れてしまっていたんだ。

その後、立ち並ぶ家の住所を見て初めて、行き過ぎていたことに気づいた。ようやく家に通じる道を見つけると、生い茂った生垣と手入れがされていないテラス式庭園があり、そこには色とりどりのバラが数百本咲いていて、その先にはツタに覆われた大きなレンガの家があった。優雅で巨大な両開きのドアを開けると、中には玄関ホールがあり、そこから何マイルも続く太平洋が見渡せる。

僕たちは敷地を回ってうなずいた。

「これはいいね」

「キッチンも絶対イベントに使えそうだよな」

「そうだね、見晴らしなんてヤバいよ」

でも、電気が通っていなかったので、数日の間は延長コードを近所の家につないで、電力をおすそ分けしてもらうしかなかった。僕たちは早々に家具全部を動かして、ある部屋を指令センターにして、別の部屋をアシュラム（ヒンドゥー教の僧院）のような聖壇にした。寝室も海を見渡せる理想的なバルコニー付きから、窓のない地下の部屋までさまざまだった。そこで、僕たちは部屋の種類に合わせて部屋代を設定し、年齢に応じて各社員の予算に見合った部屋を選んでもらった。

みんなが引っ越してきた。段ボール箱と半開きのスーツケースが廊下にあふれ、ガランとしていた空間はわくわくした雰囲気に満たされた。

そして、初日の真夜中のこと。誰かがキャーッと叫ぶ声がした。悲鳴の主は、書斎を寝室にした女性社員だった。家にいたみんなが目を覚まし、玄関ホールに駆け付けた。

「私の部屋に男がいる！」

彼女は恐怖で声を張り上げた。

「きっと、お化けよ。男のお化け。この家に取り憑いてる！」

僕たちは彼女を落ち着かせようとした。家の中に幽霊なんているわけがないと彼女に言った。大の男だってこの家には入れない。僕たちだってこの家が見つけられなくて、**探した**くらいだ。まして見知らぬ侵入者が家を見つけて中に入れるわけがない。

「でも」と彼女は言う。

「窓のところに立ってたのよ。目を覚ましたらそこにいたの」

コロラド大学の元アメフトの選手だった社員があきれて目を白黒させた。彼は何もかもばかげているとつぶやき、自分が部屋を調べてみると名乗りを上げた。やっとみんなは落ち着いて自室に戻った。もちろん、1人を除いて。その晩彼女は書斎で眠れるわけもなく、リビングのソファーで寝ることにした。

数日後、1人で階段にいた元アメフト選手が、大声を出した。

「ヤバい、**あの男がいた**」

これを最後に謎の訪問者が見つかることはなかった。もし本当に幽霊がいたとしたら、それはフレンドリーな幽霊で、僕たちの現実の見方に疑問を投げかけ、説明のつかないこともときには起こると思い知らせてくれたんだろう。

幽霊の一件に刺激されて、僕たちはもっと参加者をあっと言わせるようなイベントを作りたいと思うようになった。しかもこの幽霊は、家にゲストを招いた食事会の際に、会話の取っ掛かりの格好のネタにもなった。

ベースキャンプはまだ半年先だけど、そこまで待たなくても、この新しい家でならすぐに、コミュニティの意識をもっと深められる気がした。

スター・アイランドでは、長いテーブルを囲む比較的小規模な夕食会を何度も開催した。振り返れば、そのとき、僕たちの小さなチームと数人のゲストとの間に深い絆ができたのがはっきりと見て取れた。この新しいビーチハウスでなら、100人のゲストを相手にこのマジックを何倍にもできるんじゃないだろうか。週に2度このような食事会を開いたらどうだろうか。

こうした食事会をやることに社員たちがどれほど興奮するかはおよそ見当がついた。しかし、それがゲストに影響を及ぼし、そのさざ波があちらこちらに広がっていくことについては想像もしていなかった。とはいえ、こうした夕食会が、人間関係を発展させるうえでこれまでにないくらい最大のエンジンになることを、僕たちはやがて知るのだった。

29

100人の夕食会

マリブに移ってきた僕たちのシェフのミハイに、「マイアミの頃よりゆっくりできてるんじゃないですか？」と聞こうものなら、彼はわかってないなという顔でがっくりきてしまうだろう。特に火曜日か木曜日に聞いたらなおさらだ。ミハイはマイアミで20人分の料理を作るのは手慣れたものだったけれど、マリブに移ってからは火曜日と木曜日に100人分の料理を作っていた。

もっぱら夕食会をするテーブルのことばかりに気を取られていた僕たちは、友人のマイケル・ヘブに助けを求めた。マイケルはユニークな場所にユニークなテーマを掲げてディナーパーティーを開催することで知られている。オレゴン州の州間高速道路の中央分離帯とか、その日にたまたま出会った知らない人とのディナーとか。

彼は食を通じて芸術と人とのつながりを模索し、食卓を囲んでの会話を発展させることを得意とする。彼に言わせると、文化は歴史的に食卓で形成されてきたそうだ。

僕たちが初めてマイケルに夕食会を手伝いに来てくださいとお願いしたとき、「リビングに大きなテーブルが置けるスペースがあります」と伝えた。ところが彼は「そんなことしてもうまく行かない。午後に行くから一緒にテーブルを組み立てよう」と言うのだ。

僕たちには当初彼の意図がわからなかったけれど、これまで彼にがっかりさせられることはなかったから、無条件に信頼した。到着したマイケルは、すばらしい海の景色が見渡せる大きなバルコニーに出た。

「ここで開催するんだよ」とマイケルは集まった社員たちに言った。

「この家の低いテーブルを全部このバルコニーまで持ってきてほしい。それからソファーに付いてるクッションと枕もここに全部持ってきてくれ。テーブルの下に置いて座れるようにしたい。それとランプ12個と延長コードも。ここのランプ以外、家の明かりを全部消すんだ」

数時間後、食事の準備ができてゲストが到着すると、僕たちは夜9時に外のクッションに座って海を見下ろした。砕ける波の音が聞こえ、ランプの明かりだけが僕たちの顔を照らす。

マイケルは空間の**ありのまま**を見るのではなく、**どう作り替えることができるか**を見るように教えてくれた。その瞬間から、僕たちは空間を静的なものとして見るのをやめた。どんなものでも望み通りに作り替えることができると知ったんだ。

素足のもてなし

僕たちは夕食会への招待の仕方についても考え直した。「しばらく○○さんとは会ってないから、招待しよう」とは考えない。何のために開催するのかという問いを立てて、その答えとなるテーマをもとに毎回の食事会を企画する。人に会うためなのか。友人と過ごすためなのか。コミュニティに恩返しするためなのか。ある話題について語り合うためなのか。

僕たちが選んだテーマによって招く人たちを決める。出席者の多様性が増すほど、会話に深みが出て、よりよい体験につながる。食事そのものだけでなく、招待状にも意味を込めるようにした。

ゲストは個別にカスタマイズして用意した夕食会への招待状を受け取る。招くのは俳優、ハイテクのリーダー、環境運動家、エンジェル投資家、科学者、アーティスト、ミュージシャンと毎夜さまざまだが、最も重要なのは、心優しく他人を思いやれる人たちに集まってもらうということだ。

夕食会は秘密裏に行われるため、誰が参加するのかは来てのお楽しみだ。自分が会いたいと思う人たちを集めてくれるだろうと、こちらを信用してもらうしかない。普通のレストランでは起こりえない体験をしてもらおうと、僕たちはそこに物語を作り独自のセレモニーでもてなし、家庭的な食事をふるまう。

通常この種の食事では総料理長と2、3人の手伝いが厨房にいて、給仕係1人と清掃係1人がいる。でも僕たちにはミハイがいるだけだ。彼は機械のように社員に朝食と昼食を作り、夜の料理の準備に取り掛かる。今振り返っても、彼があのキッチンから出してきたおいしい食事に驚嘆するばかりだ。

毎週火曜日と木曜日に、僕たちは自らでっかいトレーを抱えて、料理が載った皿を長いテーブルの上に並べていく。小皿も出していなければ、4つ星レストランの総支配人みたいに歩き回って「今夜の食事はいかがですか」と声をかけることもない。みんなに自分の家にいるような気分になってもらう。牛乳がほしければ冷蔵庫を自分で開けて取ってもらう。僕たちはこれを「素足のもてなし」と呼んでいる。

毎晩趣向は異なるけれど、僕たちがつねにお願いすることは、参加者の1人に初めの乾杯の挨拶をしてもらうことだ。緊張感と臨場感を維持するために、あらかじめ打診したりせずに、抜き打ちで誰かに頼むことが多い。今手掛けているすごいプロジェクトについて語ってもらうこともあるし、どんな話が出るかはわからない。

ミュージカル『ハミルトン』で一躍有名になったレスリー・オドム・ジュニアが、『ハミルトン』がブロードウェイで上演される4年前に僕たちに歌ってくれたことがある。進化生物学者が、バイオミミクリー（生物模倣）についての驚くような発見を語ってくれたこともある。

食べ終わったらみんなで片づける。これすらもコミュニティならではの体験だ。

「みなさんがテーブルを離れる前に」と僕たちが言う。

「左手を上げていただきたいのですが」

全員の左手が上がる。

「今度は右手を上げてください」

みんなは何があるんだろうと思いながら右手を上げる。

「今度は両手をテーブルに下ろしてください」

鈍いドスンという音が部屋中に響き渡り、小さな笑い声が起こる。

「これをボックス（食事のスペース）と呼んでいます。ボックスの中にあるのはすべて、みなさんの責任です。みなさんのボックスの中のものを片付けるお手伝いをしていただけると、ありがたいです」

こうして、普段ならレストランで給仕を受ける人たちが、食べ終わった皿を自分で流しに持っていく。

僕たちは週を追うごとに夕食会のパターンを洗練させて自然な流れにしていった。最終的に、僕たちはどこに行っても素足のもてなしのコンセプトを用いるようになった。新しい街に行くたびに、マリブと同じような夕食会をアレンジした。

僕たちを見つけてくれた女性

こうした会食のいくつかからは、生涯に一度の体験が生まれた。例えばレディオヘッドのリードシンガーのトム・ヨークが、ニューヨークにいる僕たちの友人のアパートで開いた夕食会に来てくれたときのことだ。途中でトムが席を離れてトイレに行った。テーブルに戻る途中、奥の部屋でピアノを見つけると、彼は腰を下ろして弾き始めた。観客のためでも僕たちのためでもなく、自分のために。

数分後、トイレを探していたもう1人のゲストが、ピアノの音に吸い寄せられてふいに奥の部屋に入っていった。なんとトム・ヨークが優しい声で弾き語りをしているじゃないか。廊下でそのゲストは固まってしまい、自分の胸だけにしまっておけず、テーブルに座っているほかの人たちにメールで知らせた。

1人また1人とテーブルを離れた。しばらくして、40人ほどが部屋に詰めかけ、これまで経験したことがないような、距離の近いコンサートに耳を傾けるのだった。

こうした経験やマリブでの夕食会、サミット・アット・シーでの成功がうわさとなり、さざ波のように広まった。僕たちのしていることに興味を持つ人が増え、連絡をくれるようになった。その1人、ある若い女性が僕たちの家を見つけようと海岸を北上していた。

彼女の名前はシラ・アブラモビッツ。カナダのモントリオールにあるマギル大学の卒業を控えていた彼女は、大学のゴミを減らすために、環境にやさしいビジネスの立ち上げに手を貸していた。

彼女は社会的起業のコンセプトに興味を持ち、同じ志を持つ会社に目を向けるようになっていた。少し調べて、彼女はサミットのマリブの住所を見つける。友人にパシフィック・コースト・ハイウェイまで車で送ってもらい、僕たちの家の前に来たと思って車から降りた。そのとき初めて、そこが僕たちの家でないことに気づいた。

最終的に彼女は僕たちの家を見つけた。それは僕たちにとってもラッキーなことであり、同時にターニングポイントにもなるのだった。何年もの間、僕たちはイベントに来てくれる人を探してばかりいたが、**彼女が僕たち**を見つけてくれた。一緒に働きたいという彼女の申し出を僕たちは受け入れ、以来彼女は僕たちのイベントのプログラム決めやコンテンツ作り、そしてインパクトを与えるような仕事を率先して手伝ってくれている。

彼女は僕たちのチームの中に、自分の家を見つけた。家は僕たちの新たなコンセプトとなった。僕たちは集まってからというものずっとノマド生活で、スーツケース1個で旅をしてきた。でもマリブの時代に、1カ所に落ち着くことの大切さを学んだ。そして僕たちは、自分たちにとって〝家〟と呼べる場所はないだろうかと思うようになっていった。

30

ホームを探せ

コーヒーを飲みながら行う初顔合わせの打ち合わせ。せっかく設定したのに、いざその場になると何もたいした話は出てこない——あなたもそんなことは何度も経験しているだろう。とりあえず和やかに終わらせて、また次の打ち合わせへと移る。そんな感じであっても、すべてを一変させるような打ち合わせを逃さないためには、こういう空振りを続けていくしかない。

2011年8月の土曜日の朝、エリオットはマリブの家からロサンゼルスに行き、いつものような打ち合わせを始めた。それが運命的な出会いとなるのだった。

彼が会っていたのはベンチャーキャピタリストで、サミット・アット・シーにも参加していたグレッグ・マウロ。グレッグはハイテクのスタートアップを立ち上げ、教育関係の会社に投資している。そして、サミットのコミュニティに興味を持って連絡をくれた。打ち合わせは1時間の予定だったのに、8時間も続いた。

エリオットは前から気づいていた。コーヒーを飲みながら打ち合わせする相手は、たいていこちらの話を聞くより自分のことを話したがるということに。でもグレッグは違う。彼は僕たちが考えているのと同じ問いの答えを探していた。サミットのコミュニティでさらに何ができるかという問いだ。

〃家〃のようなもの

僕たち4人はマリブに移ってから、ずっとこのことを話し合ってきた。サミット・アット・シーまでは、僕たちの長期的なビジョンはイベントを通じて生涯に一度の体験を生み出すことだった。でもコミュニティのメンバーは、イベントがない時期にも顔を合わせて友好関係を維持している。年に1回だけ週末に集まるという従来のやり方にとどまらず、コミュニティの一体感を高めるほかの方法を見つけないと、と僕たちは感じていた。

本気で模索する引き金になったのは、マリブでの火曜日と木曜日の夕食会で湧き上がるエネルギーを実感したことだ。あのような夕食会の経験を通じて、コミュニティの勢いを持続させるものが必要だと悟った。そのために必要なのは永続というコンセプトであって、単なるビーチ近くの借家ではなく、ホームという意味での家のようなものをイメージしている。

その〝家〟のようなものとはいったい何なのか、僕たちにはわからなかった。農場でも見つけて、それをリトリートの地に変えようと悠長に計画を練るのとは違う。かといって、自分たちが何を望んでいるのか、はっきりとしたものが見えてこなかった。ただ同じ問いが頭の中にこだまするばかり。〝サミットでさらに何ができるだろうか？〟という問いだ。

コーヒーをすすりながらグレッグが言うには、サンフランシスコの起業家とエンジェル投資家たちがスタバで打ち合わせするのは、ほかに行くところを知らないからだそうだ。グレッグの考えでは、サミットのコミュニティ全体が定期的に集まるようなクラブを建てるのが賢いやり方だろうし、それにぴったりの建物がサンフランシスコにあるという。

エリオットとグレッグはロサンゼルス中を車で回って、似たようなスペースをいくつも見ながら、こうしたクラブをどうしたら活気づかせられるのかブレインストーミングした。

パウダーマウンテン

長らく世界を旅してきたエリオットは、サミットが最終的に〝家〟を持つというアイディアに胸を躍らせ、話の途中でグレッグにどこに住んでいるのか聞いてみた。

グレッグはここ3年、冬はエデンというユタ州の小さな街で過ごしているそうだ。

「どうしてエデンなんですか」とエリオットは聞いた。

グレッグによると、友人と2人でアメリカのスキーの街ベスト25を調べて、ベスト5を絞ったところ、エデンが隠れた名所だと知ったそうだ。パウダーマウンテンという彼らが好きなスキーリゾートはエデンにあり、グレッグはこのリゾートの近くに家を買っていた。ソルトレークシティー国際空港から車でおよそ1時間だから、世界のどこにいてもすぐに山に行ける。

スキー旅行でこの空港まで飛行機で行き、そこから車で45分走ればパークシティ、アルタ、スノーバード、ディアバレー、ソリチュード、ブライトンなどのリゾートに行ける。これらはすべてソルトレークシティーの東に位置していて大半の人はそこを目指すのだけど、それとは別に北に1時間車を走らせればパウダーマウンテンが待っている。

湖のほとりにある絵のようなこの山岳の街には、人がまばらなスキーリゾートがあって、スキーを楽しむ人は少なく信号もない。人里離れた天国だ。

しかもグレッグが言うには、パウダーマウンテン・リゾートは売りに出されている……自分が買おうかと検討しているらしい。

エリオットはマリブに戻って、ほかの3人にグレッグとのことを話した。まずはエンジェル投資家たちがカフェで打ち合わせしている旨を伝え、サンフランシスコである種のサミット・クラブを作るという手もあると提案した。

僕たちは、難しいからといってアイディアを否定するようなことはしない。でも正直言って、サンフランシスコに移ろうとは思わないし、すでに込み合っている街に〝家〟を作ることにも関心はなかった。

「街にどこかコミュニティのスペースを作れば、1、2年は人気スポットになるだろうね」とブレットは言う。

「でも運営するのは大変だし、時間が経てばせっかくのすばらしいスペースのこともみんな忘れてしまうよ」

街の中のクラブではまず長続きしないということで、僕たちの意見は一致した。話し合っていくうちに、僕たちが望むのは時を経ながらコミュニティが育っていく場所であって、単にランチミーティングを開くためだけの場所ではないことが確認できた。僕たちが望むのは、みんなが子どもや家族を連れて来ることができる場所、未来がある場所だ。

「それで」とエリオットが言った。

「グレッグが別のプロジェクトの話をしてくれた。彼はユタ州にある国内で最高、最大のスキーリゾートの1つに家を持っている。リゾートが丸ごと売りに出されているらしい」

「その山の名前は?」とジェレミーが聞いた。

「たしかパウダーマウンテンだったかな」

ブレットが視線を上げた。「パウダーマウンテン?」

ジェレミーも視線を上げた。「あのパウダーマウンテン?」

ブレットが大学1年の頃、ジェレミーとスキーをしようとコロラド州まで飛行機で行ったときのことだ。西部でスキーをするのは東海岸よりずっと楽しいと聞いて、ブレットはこの目で確かめたいと思っていた。飛行機の中で、ブレットは隣の席の女性とロッキー山脈でのスキーについて話す機会があった。

「西部で**本当に**スキーがしたいと思うなら、ロッキー山脈の外を見たほうがいいわね」と彼女が言った。「パウダーマウンテンがあるのよ」

それを聞いてブレットはぜひ行ってみたいと心に決めたものの、機会はなかった。

「早くみんなで見たいな」とジェレミー。

僕たちは興味津々だった。パウダーマウンテンがもたらすチャンスと可能性について想像もつかなかったし、どんな面倒に巻き込まれるかもわからなかった。わかっていたのは、サンフランシスコのオフィスビルでもそれなりのことを実現できるけれど、山々の自然の奥深くなら可能性は無限大ってことだ。

運命的な打ち合わせの先に興味がそそられることが待っていたなら、その道に突き進んでいくしかない。僕たちは常々そう信じてきた。調べていけば、何かがわかってくるだろう。

パウダーマウンテンが実際に売りに出されているかはわからない。そこを買うのにどれくらい金がかかるかもわからない。でも僕たちはみんな直感に従って進んだ。

「どんな面倒なことがあったって、たかがしれてるだろう」と僕たちは考えた。

実際には、とにかく多くの困難が待ち受けていた。

31

魔法のような光景

僕たちはそれから36時間後に飛行機に飛び乗った。グレッグがソルトレークシティーの空港で僕たちを出迎え、パウダーマウンテンまでの車中で簡単にレクチャーしてくれた。

「エデンはアメリカ西部に残った最後の未開の地の1つだね」とグレッグ。「適度に人里離れていて、国際空港からたった1時間で行ける」

グレッグが言うには、このリゾート地を立ち上げたのはアルヴィン・コバベという地元の華やかな名士だそうだ。アルヴィンは40代で医学部に入り、当時ユタ州最年長で医師免許を取得して卒業した。彼は羊飼いの家に生まれ、一家の所有していた土地が後にパウダーマウンテンとなる。

長い期間をかけてアルヴィンは土地を拡大させ、地域のコミュニティのために道を切り開いて2人乗りのスキーリフトを作った。

それが1972年のことだ。アルヴィンはこの土地を古風な趣がある神秘的な状態にとどめた。小さなスキー学校が設立され、野外にバーベキュー台が設置された。アルヴィンの哲学は、パウダーマウンテンの建物の横に刻まれた、「知らない者同士がつながる地」という言葉に集約されている。

アルヴィンは30年以上にわたって山をそういうふうに保ってきたが、2006年に家族が売却した。2017年にアルヴィンが99歳で亡くなるまでに、山の所有者はさらに二度変わった。

その後、パウダーマウンテンは未公開株式投資会社の手に委ねられ、この会社が3000棟近くの住宅の建設、新しい高速スキーリフトの導入、18ホールのゴルフコースの新設を発表したらしい。

すると街の600人の住民はこれに激怒する。開発を食い止めようと訴訟を起こし、この一件はユタ州の最高裁判所に持ち込まれた。住民は地元の宝を懸命に守ったのだ。僕たちはまだ現場に到着してもいないのに、地元のコミュニティの価値観を支持していた。

グレッグは車で街の中心部に向かった。

「フォーウェイ・ストップ（全方向一時停止の十字路）にようこそ、だな」とグレッグ。

「エデンの中心街だ」

その皮肉に対して僕たちは笑顔で返した。右手には何も栽培されていない農地と年季の入った農機がある。左手には食料雑貨店とガソリンスタンド。さらに農場から農場へと進み、ついにパウダーマウンテンのふもとに到着した。

山頂の日の入り

景色ががらっと変わり、僕たちは国立公園に入っていくような気分になった。数千本ものポプラの木々が、山に向かってびっしりと隙間なく僕たちの両側に並んでいる。車の右手には澄み切った水を湛えた小川が勢いよく流れ、僕たちは曲がりくねった道を頂上までゆっくり上っていった。

「この場所の特徴なんだけど」とグレッグ。

「パウダーマウンテンは地形が反転している。頂上が平らなんだ。ほとんどの山は頂上が険しくて、リフトを使ってそこまで上がるようになってるから、家はふもとに建てるしかない。でもここでは、頂上まで車で行ってスキーで降りることができる。それからリフトで山頂まで戻る。だから山頂に家を建てて、ほかでは見られない壮大な光景が拝めるってわけさ」

舗装された道は突然終わり、前方には未舗装の道。山頂に近づくと、鋼のケーブルが道を遮り標識が掛かっている。「4月15日から12月1日まで閉鎖」

僕たちはグレッグの中で何か腹積もりがあるんだろうと思い、全員彼に目をやった。

「車は通行禁止だけど、歩くことはできる」とグレッグ。

「日の入りを見にここまで来たがる人が大勢いるんだ。ここに駐車して歩いていけばいい」

僕たちは車から降りて、しゃがんでケーブルをくぐった。混じりけのない空気を吸い込んで、100フィート（約30メートル）ほど歩くと、すばらしい光景が見えてきてハッと息をのんだ。

たちまち僕たちの視界は全方位、ユタ州からワイオミング州、アイダホ州、グレートソルト湖からネバダ州まで、雪を頂いた山々が見渡せるようになった。見下ろすとエデンの谷が、なだらかな丘陵と高くそびえる峰々に囲まれている。

「こんなに美しい光景を見たことある？」とグレッグが言った。

僕たちは圧倒されて返事ができなかった。

まるで誰かがスイスの写真を撮って、目の前でそれを再現したかのようだ。〝どうしてこんな美しい場所のことをこれまで聞いたことがなかったんだろう〟と僕たちは思った。〝それにどうしてこんな壮大な楽園を手放す人がいるんだろうか。最終的にこの楽園はいくらするんだろうか〟

グレッグが所有者を見つけて希望価格を聞いてみると約束してくれた。

僕たちはその日ずっと山を散策し、エデンの小さな街の中心部を歩き、この魔法のような場所に自分たちだったら何を創造するか思い描いた。

初めての場所を訪れる際は、良いガイドに案内してもらうのに越したことはない。これほどの規模のプロジェクトを調査するのが初めての僕たちにとって、グレッグは僕たちみんなと同じマインドセットを持つ最適のガイドに思えた。マインドセットとはつまり、自分の弱点を仲間の長所で埋め合わせることだ。

僕たちは放浪しながら創造すること、コミュニティを築くこと、ゲストをもてなすことを専門にここまでやってきた。対するグレッグは、金を扱う仕事を僕たちよりはるかに熟知している。僕たちが右脳型なら、彼は左脳型。互いのスキルを補完し合えばいい。

未来の山のリゾートとは

翌朝、僕たちは興奮に胸躍らせてロサンゼルス行きの帰りの飛行機に乗り込んだ。それから数日、数週間、頭の中はパウダーマウンテンのことでいっぱい。秘密にしておくのも一苦労だったけれど、社員が次のイベントのベースキャンプの準備に集中して取り組めるよう最善を尽くした。

9月の下旬、イベントが4カ月後に控える中、締めの講演をしてくれる人の確保やショーの流れの決定、そして最後の仕上げの計画は社員に一任した。幸い社員が成長して優秀な組織になってくれたおかげで、僕たち4人は土地開発業者を呼んでほかの開発地のマスタープラン（総合計画）を学び、水道権や土地区画法について初歩的な知識を身に付けることができた。夜に集まってその日学んだことを共有し、パウダーマウンテンで何ができるか遅くまで話し合った。

僕たちはスキーリゾートに共通のトレンドがあることに気付いた。まったく共感できないトレンドだから、絶対に従わないことに決めた。

それを聞きつけたのはブレットが最初だった。10代の頃から知っていたのだが、今に至るまでずっと関係ない話だった。

ブレットが中学生の頃、レス・オッテンという人物がアメリカン・スキー・カンパニーのCEOで、彼はバーモント州、ニューハンプシャー州、メイン州でブレットが大好きだったスキーリゾートの買収を始める。オッテンは会社を上場させて、それで得た資金でリゾートにありったけのリフトや設備を作ってテーマパークのような雰囲気に仕立て上げ、大勢の人を呼ぼうとした。こうしてオッテンは大富豪になった。

ブレットはオッテンの商才に一目置いてはいたものの、大好きなリゾートが変わっていくのは嫌だった。スキー体験がどんどん薄まっていくような気がした。

でも、トレンドはここで止まらず、同じような戦略が全米に広まっていった。2010年代までには、マスマーケットを対象とする同じようなマネジメント手法で、大手3社がほとんどのスキーリゾートを支配するようになった。

エデンに今住んでいる人たちは、自分たちの愛するパウダーマウンテンがディズニーランド化するのを恐れている。だからきっとエデンの人たちは僕たちの新たなビジョンを支持してくれるだろう。僕たちがこの場所に惹かれた理由は住人たちと同じだから、この土地を守りたいという思いは同じくらい強い。

僕たちはブレットの寝室の壁に巨大なホワイトボードを掲げて、まったく新しいアプローチを探るべくアイディアを書き出した。未来の山のリゾートをどんなものにしたいか。

僕たちは開発を制限したい。そして大規模開発をもくろむ未公開株式投資会社と違い、住まいは小規模で環境に優しいものにしたい。数千人の旅行者が決まった季節だけにやって来てスイスの山小屋みたいな自分の別荘に閉じこもるのではなく、世界中から訪れた人々が楽しんで散策できるような小さな街を築き、それをサミットのコミュニティと融合させたい。誰でも集まって、これから先ずっと成長していくことができる場所。開発と現状維持という2つが完ぺきに融合されたような場所だ。

当然ながら、この独自の発想のおかげで僕たちは八方ふさがりの状況に陥った。僕たちは収入が少ないから、金融機関からの融資は受けられないだろう。銀行のローンも期待できないだろう。かといって、出資してくれる人もいないだろう。つまりパウダーマウンテンを買って新たな夢を形にしていく金を集めるためには、これ以外の道を見つけないといけないということだ。

僕たちは現実を見ようと自分たちに言い聞かせた。山がいくらするのか、そもそも買う金が用意できるのかもまだわからない。

とんでもないリスク

僕たちは馴染みのパートナーであるライアンに電話して、アドバイスを求めた。

彼はエリオットの父親の会社、ビズノー・メディアで働き始める前は、未公開株式投資会社に勤めていた。不動産をよく理解していたし、当時有力なファンドで多くの主要な土地を売り買いしていた。

「相当リスキーだね」とライアン。「**とんでもない**リスクだよ」

リスクを冒そうにも、その期限が迫ってきていることも僕たちはひしひしと感じていた。今のところ、世界は大不況からまだ抜け出せず、何もかもが停滞している。大都市以外では不動産投機のプロジェクトへの融資もまだ滞っている。しかし、それもじきに回復する。

まもなく知ったのだけど、ほかにも購入を考えているバイヤーが20人ほどパウダーマウンテンを見学して、結局断念したそうだ。大衆向けのプロジェクトにするにはとてつもない作業が必要になることを憂えたらしい。既存のインフラも街の施設も不十分で、1万世帯を支えるために、たくさんのレストランとお店を建てる必要があるだろう。パウダーマウンテン自体の買い値に加えて、多くの開発と投資が必要になる。

でも僕たちがホワイトボードに描いた街は、ディズニー・オン・アイスのテーマパークじゃない。小さくてこぢんまりして自給自足する街だ。手つかずでむき出しの自然を損ねたくはない。自然と調和する街を築き、環境への負荷をなるべく小さくして生き物を保護するのが僕たちのアイディアだ。

このアプローチは、1万軒の家を建てて、そこに住む人たちを支えるインフラを建設するのとは違う。そうした場合より、インフラもお店もレストランもはるかに少なくしたい。ということは、僕たちがあらかじめ出す金も少なくて済むということだ。

2008年をピークとする不況から3年以上が過ぎていた。あと数年待ってから大きく飛び出すのが理想的かもしれないけれど、もたもたしていると景色が変わってしまう。経済が持ち直してきて、誰かがふと立ち寄って気に入り、価格なんて気にせずに、2倍から3倍の額をポンと出して喜んで買ってしまうかもしれない。僕たちにとっては今がそのときなんだ。

僕たちはニューヨークのライアンにマリブの家からもう一度電話して、これはチャンスだと焚きつけて彼を興奮させようとした。ところが、彼から「**とんでもないリスクだ**」と念押しされてしまった。「**あまりにもリスクがでかすぎるぞ**」

パウダーマウンテンを訪ねてから1カ月近くが経ち、あそこに僕たちが何を築きたいのか、アイディアの外枠は完成した。とはいうものの、全部でどれくらいかかるのかはいまだにつかめていない。

そしてある晩、夜遅くまでホワイトボードで議論していると、グレッグからの電話でエリオットの携帯が光った。

すぐさまみんなでエリオットに駆け寄り、彼が座るイスの周囲に集まった。

「それで、売りに出されるというのはうわさだけ？　それとも実際に売りに出されるの？」と僕たちは聞いた。「どうなってる？」

「よし、言おう」とグレッグは言った。「パウダーマウンテンは売りに出されている。値段は……4000万ドルだ」

32

俺たちは山を買う

僕たち4人はそれから数日間、抑えきれない興奮と押しつぶされそうな不安との間を激しく行き来していた。サミットのための〝家〟を見つけたと思うと、あまりにも高揚して我を忘れた。でも、いくつか厄介なことがあった。1つは、僕たちには4000万ドルの持ち合わせがないこと。2つ目に、大半の人たちが僕たちを正気じゃないと思っていることだ。

そういう人たちを責めるつもりはない。僕たちの会社は銀行に100万ドル預けているけど、それはみんなの給料を支払うための蓄えであって、手を付けることはできない。それでいてまともな融資も受けられない中、どうやって4000万ドル集めてパウダーマウンテンを買えばいいんだろうか。

パウダーマウンテンを売りに出す未公開株式投資会社は、予定した開発を進められなかった。開発プランはユタ州の最高裁判所で差し止められ、周辺住民も反対している。しかも不況が尾を引いているだけに、1万人どころか誰一人別荘を買おうなどとは思わない。投資会社は苦境にもがき、撤退したがっている。あんな経験豊富な人たちでもさじを投げた。彼らができないことを僕たちならできるなんて、よく言えたものだ。

助けを必要とした僕たちは、アンテナを張ってアイディアを求めた。僕たちは決して秘密を胸にしまっておくようなタイプじゃない。自分のカードを胸にしまっておいたところで世間から教えを得ることはないし、やりたいことを始めてから成し遂げるまでにもっと時間がかかってしまう。

人が壮大な計画を黙ったままにしておく理由の1つは、誰かに盗まれはしないかと心配するからだ。でも、インフラもない未開発の山を僕たちが買いたがっていると聞いただけで、ユタ州の片田舎にある見たこともない土地にいきなり飛びつこうという人なんているだろうか。

僕たちのアイディアは大胆だから、誰かに盗まれる心配はない。いつも思うけれど、起業家は盗まれるのを心配してアイディアを打ち明けないことで、多くのものを失っている。自分と同じことを考える人間なんていないし、ましてアイディアを盗んで金儲けしようなどと企むわけがない。盗もうとしたところで、自分たちよりうまくやれるわけがない。

アイディアそのものには価値がない。本当の価値は努力と実行力によって後からついてくるものだ。物理学者のハワード・エイケンが、これと同じ趣旨の少々乱暴だけどすばらしい名言を残している。「自分のアイディアを盗まれはしないかと心配しなくていい。アイディアに自信があるなら、まずはみんなを無理やりでも納得させることだ」

誰かにこっそりとアイディアを盗まれるよりも、みんなから一斉にアイディアのここがダメ、そこがダメだとあげつらわれる可能性のほうが高いってことだ。

資金集めの手立て

パウダーマウンテンの土地は広さがマンハッタンの4分の3近くある。面積は1万エーカー（約40平方キロメートル）。土地の大部分に相当する８０００エーカー（約32平方キロメートル）はスキーリゾートとなっている。パウダーマウンテンを開発するとなれば、僕たちはスキーリゾートの所有権と管理権を引き継ぐことになる。山の裏手、リゾート地の境界線の外に、僕たちはわずか40エーカー（約０・16平方キロメートル）の街を作ろうと計画している。

僕たちは仮契約書に取り掛かった。僕たちのパウダーマウンテンを買う意思を記した協約だ。仮契約書のために、僕たちは周囲に熱意を伝えてパウダーマウンテンの存在に気づいてもらい、最終的に土地購入の融資を得るという独自のシナリオを考えないといけない。

ただ、僕たちはこうした仮想の住宅用地を法律上は売ることすらできない。不動産を売るためには土地を所有しないといけないのに、そもそもまだ所有すらしていない。所有してからも、その土地に権利を付与して区画整理しなければならず、それには時間がかかる。しかも道路、上下水道、電力が必要だ。

僕たちは土地を所有するにはほど遠く、こうしたインフラを設置するまでさらに数年かかるだろう。だから僕たちは４０００万ドルの価値がある山頂の住宅地という**アイディア**を、いつ家が建てられるかもまったく見通しがつかないまま、みんなに売り込まないといけないのだ。

僕たちは数カ月の間ずっと戦略を考えていた。今やもう12月になってしまい、目の前に高い壁があると知りつつ突進している気分だった。ベースキャンプまで2カ月を切ったというのに、土地を買うために1ペニー集める方法さえわからない。

そんなとき、状況を一変させるコンセプトを知った。

僕たちが見つけたのは「創設会員プログラム」というものだ。ゴルフのコミュニティの設立に際して、数え切れないほど利用されている。一見複雑そうだ。なにせみんなに頼んで数百万ドルも出してもらうのだから。でも、住宅用地の概略図やパウダーマウンテンに作ろうとしているコミュニティの基本計画と並べて紹介すれば、ビジョンが見えてきて説得力があるはずだ。

そこで僕たちは弁護士と作業に取り掛かり、最初の構想を具体的な形にした。僕たちの創設会員プログラムの内容はこうだ。家を普通の手続きで購入する代わりに、創設会員は１００ページにも及ぶ文書にサインして金を預けることで、住宅用地の**クレジット**を得て、その土地が売りに出された場合に収益を受け取る。

創設会員が住宅用地のクレジットに頭金を支払うと、その金は第三者預託口座に入れられ、法律事務所がこれを保護する。僕たちが第三者預託口座から金を引き出す許可を得るためには、交渉を進展させないといけない。例えば、第三者預託口座に2000万ドル**集まり**、郡から仮契約書をもらって証書が**得られ**、権利の取引が完了して**ようやく**法律事務所からパウダーマウンテンの購入のための頭金として2000万ドル引き出してもらえる。残りの2000万ドルは後払いということで、売り手に了承してもらっている。

創設会員プログラムができ上がり、僕たちには新たな勢いが生まれた。創設会員は投資に対する安全、安心を得られる。僕たちは彼らの金を勝手に引き出してパウダーマウンテンを買うことはできない。2000万ドルが集まらなければ、金は会員の元に戻る。

これですべてうまく行くはずだ。一度に4000万ドル集める必要はない。もちろん、まずは2000万ドルが必要だが、残りの2000万ドルをどう集めるかは、時間をかけてじっくり考えればいい。

実際、2000万ドルが妥当な数字だと考えるなんて、自分たちがどれほどばかげているかを示すようなものだ。でも正しい方向に進んでいる気がした。計画が定まり、社員のみんなにこのアイディアを伝えるときが来たと判断した。

社員への発表

僕たちはマリブの家で夕食会を行うことにして、社員のみんなになるべく1970年代のスキーヤーっぽい格好をしてくるよう指示した。みんなは鮮やかなマウンテンセーターやスキー帽、年代物のワンジー（腕から足までを覆う上下一体型の服）を着て集合した。今夜のメニューはチーズフォンデュにホットチョコレート。そして食事が終わると、みんながテーブルをバンバンと叩いてドラムビートが始まった。

「オーケー、ではみんな」とジェレミーが切り出した。

「まずはこのサミットのビジョンに共感して全力で尽くしてくれたことに感謝したい。俺たちが知る限り、人生は一度きりだから、君たちが俺たちに賭けてくれたことを誇りに思っている」

「俺たちは旅の次のステップを見つけた」と今度はジェフ。

「俺たちは山を買うんだ」とエリオットがついに言ってしまった。

ドラムビートが突然鳴りやんだ。

エリオットの発言を聞いたみんなの反応は思ったよりも冷ややかだった。てっきり拍手喝采で盛り上がるものだと思っていたのに、テーブルを囲むみんなは額にしわを寄せ困惑している。

「どういう意味？」と誰かが聞いた。

「山だよ。俺たちは山を買うんだよ」とブレット。

「サミット・ベースキャンプが終わったら、会社ごとみんなでユタ州のエデンという小さな街に移る予定だ。パウダーマウンテンが売りに出されている。誰も聞いたことがないかもしれないけれど、全米最大のスキーリゾートなんだ」

「俺たちはそこにサミット・コミュニティのために〝家〟を作るんだよ」とエリオットが言った。

さらに沈黙がしばらく続いた後、みんなはこのアイディアがだんだん飲み込めていったようだ。

「本気なの？　山を買うなんて」

現実が受け入れられ始めると、僕たちのエネルギーがみんなにも乗り移っていった。みんなは拍手をしたり、再びドラムビートを始めて喝采を送ったりし始めた。

これほど無謀なアイディアを成功させられるだろうかと僕たち４人が不安を抱いていたとしても、社員のみんながすぐにそれを洗い流してくれただろう。僕たちはみんなを信じ、みんなも僕たちを信じた。そこまで信頼して理解し合うことによって、でかいことを成し遂げるのに必要な土台ができ上がる。

僕たちはそれから2カ月の間、親しい友人や信頼できるメンターと意見を交換し、必要な金を確保できるよう創設会員プログラムを微調整した。それから、ベースキャンプでこの計画を公表する準備をした。

僕たちはイベントの最終日に披露しようと、パワポのプレゼン資料を用意した。でもリハーサルを重ねるにつれ、これじゃあ全然だめだと感じた。自分たちのビジョンや山で見た光景を数枚のスライドに収めるなんて無理だ。みんなには直接山を体験してもらったほうがいい。世界の頂上に立って、広大な山々の光景を見渡してもらうのが一番だろう。

そこで、ベースキャンプが始まる7日前、僕たちはプレゼンを断念してみんなを驚かせる新たなプランを考えた。**第2の**イベントをパウダーマウンテンで行うのはどうだろうか。コミュニティの中心メンバーをベースキャンプが終わってすぐにパウダーマウンテンに連れて行って、そこでみんなにサミットの未来のプランを伝えるのはどうだろうか。

第2のイベントの準備

僕たちは作業に取り掛かった。イベントで800人の参加者全員に向けてプレゼンを行うのではなく、最も大切な支援者60人に対象を絞ろうと決めた。僕たちのコンセプトにみんなが驚き、崇高な気分を感じてくれたら、このコンセプトは実現に向けて雪だるま式に盛り上がっていくはずだ。

残りわずか1週間で、僕たちはエデンのミニ・サミットの準備を始め、しかもベースキャンプの最終準備と並行して進めた。まず必要なのは、キャンプファイヤーを行う場所と、寒くなったり風が強まったりした際にみんなが体を暖められる場所を山頂に用意することだ。パウダーマウンテンには**何も**ない。トイレも避難所もない。そこでパウダーマウンテンの総支配人に電話して、小屋を建てる許可をもらった。僕たちは最初に訪れたときにその総支配人に少し会って、幸いにも気に入られていた。彼は承諾してくれた。

土地区画規制によって、未認可の建築物の大きさは150平方フィート（約14平方メートル）に制限され、地面に固定することはできない。そこでパウダーマウンテンのスタッフは、サミット・コミュニティの起業家みたいに画期的な案を出してくれた。スキー板の上に、すぐに解体できるような仮の小屋を建ててくれたんだ。

かといって何もかもが円滑に進んだわけじゃない。ミニ・サミットを事細かに決めていくうち、物理的な難問に出くわした。

タホ湖からエデンまで、参加者の移動をなるべく早急かつ円滑に済ませたかった。タホ湖近くの空港からユタ州のオグデンまで飛行機でわずか80分、そこからパウダーマウンテンまで車で25分。ただ問題が1つあった。そのルートには商業用飛行機が飛んでいないため、自分たちで飛行機をチャーターするしかない。

そんなの簡単だと僕たちは思った。なにせ以前にクルーズ船をチャーターしたことがある。プロペラ機を数台借りればいい。ところが少し調べてみてすぐにわかったのだけど、プロペラ機は60人の乗客を運べない。**それよりずっと**大きな飛行機、ボーイング737みたいな飛行機が必要だと判明した。

そうなるとほかの問題も生じてくる。でも、ほかの方法を考える時間はなく、もうこれで行くしかない。僕たちにとって、タホ湖からパウダーマウンテンまでの旅は、コミュニティに僕たちの未来のプランを示し、願わくはその過程で支援をもらう絶好の一打なんだ。

そこで、飛行機も確保せず、いくらかかるかも検討せず、僕たちはとにかく進めた。最大の支援者だと考える60人に個別に手紙を書いた。一人ひとりに、目的地は着いてのお楽しみということで、完全無料の体験旅行への参加をお願いした。そう、**完全無料**だ。あのときのように。

エリオットが最初のユタ州のイベントで参加者にファーストクラスの旅を提供したのと同じことを、僕たちは再びやろうとしている。今回はキャンプファイヤー、スモア（焼きマシュマロと板チョコレートをグラハムクラッカーで挟んだ、キャンプファイヤーの定番お菓子）、温かいお風呂、それにビール1箱以上を用意した。

60人には、ベースキャンプが終わったら、バスが朝10時（この時間で大丈夫なのかと飛行機のチャーター会社に確認することさえしなかった）きっかりにホテルの裏から出発しリノ・タホ国際空港に向かうことだけを伝えた。

60人の参加者は、僕たち4人と先発隊と一緒に、機体記号だけがディスプレーされた搭乗口に着き、チャーターした737に搭乗して秘密の場所に向かう。この搭乗口はハリー・ポッターの本に登場する9と4分の3番線にちょっと似ている。そこから乗る人たち以外、誰にも見えない。

僕たちはマリブで荷造りし、再び各自スーツケース1個に荷物をまとめて、この9カ月で集めたほかの品は慈善団体の救世軍に寄付した。

車に乗ってタホ湖行きの空港まで向かう際、サミットの社員のみんなの引っ越しはこれが最後になるかもしれないという感慨に浸った。でもその感慨も一瞬だけで、そのあとは前方に待ち受ける膨大な仕事に気持ちを新たにした。僕たちはベースキャンプに向かいながら、その数日後に行われる第2のイベントの準備をしなきゃいけない。つまりアメリカンフットボールのスーパーボウルを終えた後、その数日後にはベースボールのワールドシリーズが控えているというわけだ。

9と4分の3番線から電車は動き出した。もう途中で降りることはできない。

33

ジェット機を借りる

ベースキャンプはこれまでのイベントとは何かが違う。雪の降る午後、タホ湖のホテルに到着した途端にそう感じた。

僕たちはイベントの準備に取り掛かった。今回僕たちが組み立てる巨大なステージの材料は再生利用した板で、柱にはめ込み、簡単にパチンと組み合わせることができる。もう深夜にナットやボルトがなくてパニックになり、ニュージャージー州に電話して注文することもない。今回そもそもナットやボルトは不要だし、手を怪我して血を流すこともない。僕たちは一丸となって、周到に準備しスムーズに作業を進めた。旗にだってやっとアイロン掛けができた。

これまでのイベント会場はホテルの大宴会場に設営していたけれど、タホ湖ではリゾート地全体を借り切った。48時間足らずで、イベントの準備は完全に整った。

みんなで歩き回って、「未来の方向を変える」という名のセッションのために作ったジオデシック・ドーム（球体を正三角形の要素に分割するというコンセプトが基になっているドーム型の建築様式）に驚嘆した。

参加者がコーヒーを飲みながら髪を切ってもらえる理髪店で足を止めた。ここの掃除用具入れの中には秘密の扉があって、そこをくぐると、特注でこしらえた1920年代の安酒場にたどり着く。昔風のジュークボックスから音楽が流れ、製法や素材にこだわったクラフトカクテルのバーもある。僕たちはそれを見てにんまりした。

社員のみんなが作った美しい建造物を見て、それらがたった2、3日で解体されるかと思うと残念な気分になる。このすばらしい建造物すべてにも〝家〟が見つかってくれればいいのにと思った。

この段階になると、参加者は僕たちのことをよく知っている人ばかりだ。DC10で僕たちが手を怪我しながらステージを組み立てていたことを知っている人たち。サミット・アット・シーで、ザ・ルーツがエンジンルームの電気を使い過ぎて停電が起きても踊っていた人たち。そんな彼らがベースキャンプに到着したら、これまでとは飛躍的に工事も建築も進化したことに気づくだろう。

今回の週末のイベントは、みんなでいろんな体験にどっぷり浸かる。僕たちの大好きなインストラクターの1人、エレナ・ブラワーのヨガ教室、DJでプロデューサーのディプロやジョージア国の大統領などさまざまな人たちの講演、そしてシンガーソングライターのアロー・ブラックやホセ・ゴンザレス、ロックバンドのメトリックらの間近で行われるパフォーマンスなど盛りだくさんだ。

ある晩、僕たちは参加者に上着と帽子を着てロープウェイに乗ってもらい、順番に山の頂上まで送った。山を登っていくにつれ、かすかな音が聞こえてくる。ザ・ルーツのドラマー、クエストラブがDJの役回りでレコードをかける音だ。山頂に到着し、その晩借りていたロッジに入るまでの間に、音はどんどん迫力を増した。僕たちはこれを「ビーツ・アット・9000フィート」(訳注:9000フィートは約2743メートル)と名付けた。

窓のない会議室で

ベースキャンプのほうは大成功を収めたようだった。一方で、ベースキャンプが終わる頃、僕たちは3日後に別の山で開催するまったく別のイベントの準備に無我夢中で取り組んでいた。参加者がお祭り騒ぎをして夜を踊り明かしている間、社員たちは窓のない会議室で飛行機の確保に取り組んでいた。すでに旅程に組み込んでしまったこの飛行機が、僕たちにとっての9と4分の3番線にちゃんと現れてくれるように。

「ボーイング737のチャーター便っていくらするんでしょうか」

タイムズスクエアで63時間以上ずっと氷に浸かっていたマジシャンのデビッド・ブレインは、ベースキャンプの通路で出会った人全員に1対1でマジックを披露していた。というかそうだったらしい。僕たちはエデンでのイベント開催場所の確保に忙しすぎて、それどころじゃなかった。

「60人分の家を借りれませんか……いつかって？　実は2日後なんです」

「ナルニア・ミーツ・ウォールデン」というネイチャートークでは、保護された肉食動物のピューマが登場して参加者を驚かせた。

「いえ、いえ、いえ、必要なのはレンタカー30台です」

ビタミンウォーターのブランディングで知られ「ハリウッドのブランド・ファーザー」と呼ばれるロハン・オザが、マーケティングの上級クラスを開講している。

「レンタカーをオグデン空港の滑走路に待機させておきたいんです」

ベースキャンプの参加者は、ミシュランで星を獲得した日本人シェフと一緒に手巻き寿司を作っている。

「それと60人分の小皿、あと銀の食器も」

安酒場ではミュージシャンたちがピアノを弾いて夜遅くまでジャムセッションを繰り広げ、みんなで一緒に歌い騒ぐ。

「ああ、それとできればですが、それを全部クレジットカードで支払えますか」

パーティーも終わりに近づき、みんなはヒップホップの大御所ＤＪジャジー・ジェフとＱティップを迎えて浮かれ騒ぐ。

「それで、ボーイング737は月曜の朝11時に予約してあります」

これまでプライベートジェットを予約したこともないのに、民間航空会社からボーイング737を借りた。

60人を〝家〟に招く

パフォーマンス、トークイベント、アクティビティが詰まった3日間が終わり、ベースキャンプは成功のうちに幕を閉じた。イベントの翌朝、手書きの招待状を受け取った60人のコミュニティメンバーは指定のバスに乗り、リノ空港で僕たちと合流した。

空港のターミナルでは、週末を意気揚々と過ごした参加者がにぎやかにおしゃべりしながらコンコースを通り抜けて、いったいこれから何が体験できるのだろうと胸をときめかせている。

僕たち4人は微笑みながら搭乗口に立ち、にぎやかな一行は僕たちの前を通って飛行機に乗り込んだ。搭乗すると、僕たちはみんなに「サミット・エアーにようこそ。飛行時間は80分です。ゆっくりくつろいで、空の旅をお楽しみください」と告げた。

乗客たちは互いに会話を弾ませ、5列前の席にいる、できたばかりの友人を大声で呼んでいる人もいる。あいにく僕たちにはくつろぐ余裕はない。パウダーマウンテンの夕暮れのびっくりするような光景をみんなに見せようと計画していたが、スケジュールは押せ押せだった。山に着いたはいいが、参加者に真っ暗な景色しか見えなかったらどうしようと不安だった。

滑走路に降り立った瞬間、あと15分以内に山頂に着かなければすべてが台無しになることがわかったので、みんなを大急ぎでレンタカーに乗せてパウダーマウンテンに向かった。幸い、参加者は互いの話に夢中で僕たちの焦りに気づいていない。

レンタカーの一群が山頂に着いたとき、太陽はピンクとオレンジと赤の縞模様を描いていた。みんなが車を降りると、何時間も続いていたおしゃべりはピタッと止んだ。誰もが畏敬の念を抱いて立ち尽くし、遠くの山々を見つめた。

「ここで何をするんだろうと思われるかもしれませんね。多くの方がご承知の通り、私たちは長い間サミットの〝家〟を探してきました。半年前、私たちはこの場所に来て、今まさにみなさんが立っておられるところに来ました」と言ってジェフが手を後ろにやった。

「まさにこの光景を……」

ジェフが言葉を止めると、みんなはグレートソルト湖とワサッチ山脈の分水嶺を見つめた。視界の先には4つの州が見渡せる。辺りはしーんと静まり返った。

「そのとき私たちは、サミットの家は文字通りサミット（山頂）であるべきだと知りました。**この山頂です。**この地に私たちはコミュニティの価値観を体現する場所を築こうと考えています。このコミュニティを支えていくことが私たちの人生の目的です。世界中の人たちが友情を育み、その家族が一緒に過ごし、その子どもたちが成長して自分の家庭を築くことができる、そんな場所を作りたいと考えています。みなさんにもその物語に参加していただきたいと思います」

太陽が沈んで暗闇が山を包み、144平方フィート（約13平方メートル）の小屋の近くで燃え上がるキャンプファイヤーの炎がその瞬間に色を添えている。参加者のみんなを真っ先に、しかも山の購入手続きがまだ何も進んでいないのにこの地に連れてきたのは、僕たちが彼らを価値観を同じくする最も身近な支援者だと考えているからであり、本人たちもそれをわかっていた。何か特別なものの一部であるという深い感覚を、ここにいるみんなは抱いていた。

その夜はみんな車で谷まで下りて、僕たちが数日前に必死で予約したばかりのレイクハウスに泊まった。僕たちは家庭的な雰囲気の中で夕食会を催し、パウダーマウンテンがどんな場所になれるかについてのアイディアと夢を語らいながら、みんなで夜更けまでおしゃべりした。

僕たちは支援してくれそうなキーパーソンにパウダーマウンテンの計画について話しただけでなく、実際に見てもらった。丁寧に物語を練り上げ、一人ひとりに手紙を送ることから始めた。そして行き先も伝えずに飛行機に乗せ、レンタカーでパウダーマウンテンの山頂まで連れて行き、僕たち4人が初めて見たまさにその光景、太陽が沈みゆく瞬間を見てもらった。そして山頂でキャンプファイヤーをした後、レイクハウスに戻って会食した。

これらの何もかもは、事細かに記憶に刻んでもらい、壮大なロマンを最大限に感じてもらうよう計画したものだ。僕たちがどれほどみんなのことを大事に考えているか、そしてこのプロジェクトにどれほど愛情を注いでいるかが伝わったと思う。

週末が終わる頃、みんなから〝家〟を作るために何か手伝えることはないかと聞かれた。とりあえず写真撮影は遠慮してもらった。面と向かってなら好きなだけ多くの人たちに伝えてもらってかまわないけれど、メールに書くことやソーシャルメディアへの投稿は遠慮していただきたいと言った。1対1で伝えてもらいたいと。

弾みを付けるうえでこの戦略がどれほど大事なのかを、僕たちはわかっていた。大切なのは、最大の支援者たちを最初に引き込むことだ。**まずは中身を固めてから大勢を動かすこと**。今回のゲストたちは僕たちにとって最高のストーリーテラーであり、最も価値あるメッセンジャーであり、僕たちのアイディアに魅力を添えてより大きな集団へと広げてくれる人たちだ。気が遠くなるほど大変な仕事を目の前にして、僕たちはできうる限りの弾みを付ける必要がある。

34

与えて、与えて、与える

ハイスクール時代に最高の気分を味わえるのは、期末テストの最後の科目を提出し終わった瞬間だ。その日を迎えるまで、目標を立てて覚えるべきことに集中し、ストレスを抱えながら何週間も勉強する。そして最後の答案を提出したら、すべてから解放される。肩の力を抜いてほっとひと息つき、夏休みを満喫できる。

ほんの束の間、僕たちもそういう気分を味わった。ただ違うのは、今が2012年1月下旬という冬の真っただ中だってこと。レイクハウスの窓から見える芝生には1フィート（約30センチメートル）の雪が積もっている。

大きなイベントの後、いつもなら僕たちは1カ月の休みを取ってリラックスしたり、旅に出たり、寝だめしたりする。ところが今回はそれができない。

パウダーマウンテンを買うために署名した仮契約書の取り決めで、半年以内に2000万ドルの頭金を支払わないといけない。とうてい現金でまかなう時間はない。この時点で僕たちが集めた最高額が、バハマの海洋保護区域のための100万ドルだったことを考えると、険しい道になることは間違いない。1分1秒も無駄にできない。

レイクハウスにようこそ

僕たちは巨大な丸太でできた広大な1万5000平方フィート（約1394平方メートル）のレイクハウスを見回し、これが近い将来自分たちの新しい家になるのだと考えると、思わず互いの顔を見てニヤリとした。広々とした2階を通って寝室を一つひとつチェックして家賃を決め、それから前やったように社員の間で部屋を分けた。1週間足らずで、このレイクハウスは僕たちの家、オフィス、そしてもてなしの空間となった。

レイクハウスに引っ越して最初の週、僕たちは先日招いたばかりの60人のゲストにその後の様子を尋ねてみた。パウダーマウンテンでの体験の印象は強烈で、みんなはまだ週末の余韻に浸っていた。ただ、友人たちにパウダーマウンテンのことを話しても、反応はいまいちだそうだ。

「実際に行ってもらったほうがいい」とみんなが言う。「そして自分で体験しないとね」

その言葉でひらめいた。僕たちには山とリゾート地を購入するための細かい手続きは正直言ってまったくわからないけれど、1つできることがある。それはみんなを集めて、忘れられない体験を生み出すことだ。パウダーマウンテンを買うためには、コミュニティに広く知ってもらい、広く賛同を取りつける必要がある。そのためには、この新しく出会った山の街でみんなをもてなして、自分たちのビジョンを披露するのが何よりの方法だろう。

そこでチームは一丸となってサミット・コミュニティのみんなに連絡を取り、パウダーマウンテンという山で過ごしませんかと誘った。最初の週末に招いたのは60人だったものの、たちまち毎週末に200人を招待するようになった。

燃えるようなオレンジ色の夕焼けが空一面に広がる頃を見計らって、ゲストを山頂に招いた。みんなを集めて何を築きたいのか、自分たちの夢と希望を語った。それからレイクハウスに戻って、5マイル（約8キロメートル）圏内から調達した地元の食材で作った夕食をみんなにふるまった。マリブの食事よりさらに思いを込めたつもりだ。それ以上に、地元食材の本物の味で、リアルにこの土地を感じられることを大事にしている。

僕たちは和やかな雰囲気を作りたかった。距離を縮め、自分たちの弱みをさらけ出すことで信頼関係ができていく。この屋根の下で信頼関係を築けば、僕たちがこれから作ろうとしているものにみんなが参加したいと思ってくれるかもしれない。

充実した物語を入念に準備して毎週末にゲストを集めることはできても、実際のところ、僕たちにはパウダーマウンテンの計画を前進させる手がかりがまったくつかめなかった。広大な土地を獲得することは、これまでとはまったく勝手が違う。自分たちには何がわからないのか、それすらわからない。

かけがえのない人たち

自分たちがフェイバー（善意）・エコノミー（経済）の中での成功者だと知ったのはそのときだ。僕たちはエコノミーには2種類あると思っている。誰もがよく知るキャッシュ（金）のエコノミーがある。資本主義、巧妙な販促キャンペーン、買い物セラピーの上に成り立つエコノミーだ。一方でフェイバー・エコノミーというものがある。フェイバー・エコノミーはあなたに専門知識やチャンスをもたらす人間関係から成り立っていて、その土台にあるのは他者のためにあなたがしてきたことだ。僕たちにはさほど金はないが、たくさんの友人と支援者がいる。そしてこの人たちはかけがえのない存在で、値段など付けられない。

何年もかけて、僕たちはさまざまな分野の多くの人たちに役立つ多種多様な人脈を作ってきた。僕たちを通じてつながった人たちは一緒に会社を設立し、慈善団体のために金を集め、時に将来の伴侶に巡り合うこともある。

人生はマネーゲームでも恩の着せ合いでもなく、どれだけ人に尽くすかだと僕たちは思っている。見返りを期待せずに純粋な気持ちで誰かに尽くせば、その相手だけではなく別の第三者にも同じものを求めることができる。僕たちはこれを善意の三角関係と呼んでいる。

自分に下心があって親切な行為をするのとはわけが違う。もちろん、見返りを求めての行為でも、世間の人々は同じようにお返しをしてくれるだろう。でも心からの善意で、そうすることで自分の気持ちが満たされるという理由から人に尽くすと、善意の三角形が生まれる。そして、困ったときにいろいろと助けを求められるようになる。何年もかけて僕たちが見せてきた善意と僕たちが築いた人脈の恩恵を受けた人たちは、喜んでこちらの期待に応えてくれる。

「世界的な建築家を紹介したい」と言ってくれる人もいれば、**「一流の山の開発業者に会わせてあげよう」**と言ってくれる人もいる。

僕たちは土地開発、区画、土地の保全、権利、郡債、下水、道路など多くのことを学ぶ必要があった。いわば、トワイライトゾーンに足を踏み入れていった。まったく理解していないトピックに関する160項目ものデューディリジェンス（資産の価値やリスクなどを詳細に調べること）という未知の世界だ。

僕たちはクルーズ船や商用ジェットをチャーターした。でもさすがに山を買おうなどと思ったことはなかった。

状況を見誤る可能性が**かなり**高くなっていたから、ここぞというとき頼りになる人たちの力を借りる必要があった。イベントでは毎度ミスばかりだったけれど、ミスをしてもすぐに回復できた。それは、ミスしたからといって今さら後へは引けない状況だったからだ。

ところが、成長するコミュニティのために、何世代も続くような物理的なインフラを築くとなるとまったく違う力学が作用する。スキーのリフトを設置する場所を間違えたり、やっぱりこっちにしようと道路を敷設する場所を適当に変えたりするわけにはいかない。どちらの作業も数百万ドルかかるし、一歩間違えば数百人の近隣の人たちを不幸にし、プロジェクト全体を台無しにしてしまう。

無知を思い知る

あるベンチャーキャピタリストを紹介されたとき、僕たちは初めて事態の複雑さを思い知ることとなった。

この人なら助けてくれると思っていた。彼は、シリコンバレーで起業家の育成プロジェクトに関わっていた人だ。だから僕たちがやりたいと強く望むことを理解してくれる人がいるとすれば、まさに彼であり、彼ならパートナーとして参加してくれるかもしれないと思っていた。

ところが、出足から釘を刺されてしまった。

「ダメだと思う」と彼はぶっきらぼうに言った。

「まず、開発費用の問題にぶち当たる。真綿で首を締めるようにじわじわと増えていく。何千という予算項目があるしね。請負業者なんか安く済まそうとするどころか、金を使うだけ使って後から高く吹っ掛けようと考えるもんさ。

注文の見直しも生じる。注文の見直しがなくても、不透明な地域の条例が立ちはだかるんだよ。誰かから、この地域では一部の家族に優先権があると指摘される。君たちがその家族に会ったことがなくても向こうは200年近く住んでいるわけだから、そこでの開発はできない。あるいはPETA（動物の倫理的扱いを求める人々の会）がここには希少なビーバーが生息しているとか言って、環境的な見地から開発の差し止め命令を出してくるんだ」

打ち合わせが終わり、彼は立ち上がるなり声を大にしてこう言った。

「**条例によって何もかもぶち壊しになるぞ**」

このとき僕たちは26歳と27歳だった。強い意志と大胆な行動と強引さでここまで来たものの、ここから先はうまく行きそうにない。すぐに察したのは、アイディアに金を投資してもらい、チームメンバーを雇って街を設計し、請負業者に作ってもらえばいいという単純なものじゃなさそうだってことだ。

自分たちがどれほど無知なのかわかってきた頃、当時ゼネラル・エレクトリックのシニア・バイス・プレジデント（常務）だったベス・コムストックがやってきた。彼女は僕たちに現実を直視させながらも、沈んだ気分を上向かせてくれた。

「私はあなたたちのことを尊敬している。ただ、あなたたちだけではこの件は手に負えないことは明白ね」と彼女は言った。

「でもあなたたちなら苦境を乗り切れるわ。ここまでの規模のプロジェクトに困難はつきものだけど、それを乗り切って立ちふさがる障害を越えられると信じている」

ベスの僕たちに対する信頼から、必ずしもすべてがわからなくても**大丈夫**なんだと思えるようになった。大切なのは、わからない分野があれば正直に認めることだ。例えば、将来増える税収を返済財源にして資金調達を行う手法や、水利権、地方債などは**早急に**学べばいい。

同時に、僕たちのコミュニティのなるべく多くの人たちにアイディアを伝え、そのうちの数パーセントの人にでも、創設会員プログラムを通じてパウダーマウンテンの住宅に投資してもらえるよう、説得を続けないといけない。どう考えても、一番ハードルが高いのは投資してもらうことだ。支援したいと考えていても、実際にユタ州の山の頂上に家を買いたいと思う人はあまりいない。アイディア自体は気に入って支持したいと思ってくれても、そのアイディアが当人にふさわしいとは限らない。

毎週末、プロジェクトに関心があり、投資してくれそうなゲストに対し、練習を重ねて磨き上げたセールストークを行った。ところが驚いたことに、返事はことごとくノーだった。エリオットはユタ州パークシティでの人生初のイベントがフラッシュバックし、目の前のやり取りがあのときと妙に似ていると思った。

「とても興味深いね！　でもほかに誰が投資するのか知りたい。年明けにもう1回知らせてくれ」

「ビジョンは気に入った！　君たちがパウダーマウンテンを買ったら、うちもぜひそこに家を買いたいね」

誰も最初の投資者として名乗りを上げたがらない。

そんな中、冬になって数カ月が経ったある日、週末のイベントにグアテマラから僕たちのビッグな支援者が現れた。

起業家マティアスの登場

マティアス・デ・テザノスは、スペイン語のホテル予約サイトで最も閲覧数の多いＨｏｔｅｌｓ．ｃｏｍを、２０００年に20歳で立ち上げた人物だ。彼は2年後にこれをオンライン旅行会社のエクスペディアに売却する。その後、ラテンアメリカでデジタル広告ネットワークを立ち上げて、メディア企業のニューズ・コープがこれを買収。それからピープル・ファンドという投資グループを設立し、主にハイテクのスタートアップに投資した。

２０１２年３月、パウダーマウンテンを訪れた彼は、最近『Ｉｎｃ』誌でスペイン人の起業家トップ10の1人に選ばれたばかりだ。

僕たちはマティアスに「世界で最もクールな山の街」を売り込んだ。手つかずの自然の美しさを守り、スキーリゾートを獲得し、起業家や芸術家を支援するような丁寧に設計した街を作ろうと考えていることを説明した。

この時点で、僕たちはまだプロジェクト参加の約束を1つも取りつけていなかった。初めて山頂に連れて行った60人の誰一人約束してくれなかった。マティアスへの説明も腰が引けてしまい、彼もどうせ答えられないような質問を100個くらいぶつけてきた末、みんなと同じ反応をしてくるだろうと思っていた。**「すごく面白そうだけど、ちょっと自分には合わないかな」**というセリフが脳裏をよぎった。

するといきなり、マティアスは声を張り上げて言った。

「気に入ったよ！　すごいじゃないか！　僕は200万ドル出すよ。今週100万ドル振り込んで、来週100万ドルね」

僕たちは唖然とした。

「わかりました。あのう、すごい。ありがとうございます！　ただ小さな問題が1つあって。僕たちは契約の用語もまだ詳しくないし、契約締結までの期間だってこれから延ばして――」

「後から学べばいいさ」と彼は笑顔で言った。

「起業家って、自分が一番困っている最初の時期こそ、誰からも信じてもらえないもんさ。だから僕が最初の人間になるよ。君たちを**信じてる**から。僕が最初の投資家になるよ」

いつからか背負っていた50ポンド（約23キログラム）の重荷を、誰かが降ろしてくれたような気分だった。再びゆっくり呼吸ができるようになった。活力を取り戻し、自分たちは本当に成功できるかもしれないと思えてきた。

家ではなく、君たちに投資する

僕たちは、マティアスに対してしたのとまったく同じ説明をしたのに、どうして多くの人から断られてばかりだったのかを心の奥で考えた。僕たちの当惑に気づいたかのように、彼は「パウダーマウンテンの家に投資するんじゃなくて、君たちみんなに投資するんだ」と言った。

長らくサミットの参加者だった彼は、サミットに出会って初めて自分が自分でいられる場所を見つけられたそうだ。だからこそ、サミットが〝家〟を持つというアイディアを聞いて魅了されたと言う。それから短い話をしてくれた。

「僕の最初の投資家が言ったことを教えてあげるよ」と彼は言った。

「君が僕の金を全部失っても、次は2倍にしてくれる！」

マティアスは僕たちが最終的には成功すると思ってくれていた。成功するのはこのプロジェクトじゃないかもしれないし、この次でもないかもしれない。それでもいちばん大変な時期は今だと彼は気づいてくれたんだ。

マティアスはパウダーマウンテンの住宅用地に投資する最初の創設会員になってくれた。しかも驚いたことに、自分の金は法律事務所が保護する第三者預託口座に入れなくていい、夢を現実にするためにすぐに使ってほしいと言う。この資金を使って僕たちはイベントを開催し、創設会員になってくれそうな人たちをさらに招き、追加でコンサルタントを雇って不動産開発の集中講義を受けることができた。

マティアスのおかげで僕たちは前に進むことができた。専門家会議（デザインと計画の立案に集中した会議）を毎週開いて、手続きを加速させた。開発業者、建築家、土地計画を作る人、基本計画を作る人、専門委員にコンサルタントのチームを呼び、一緒にアイディアを出し合った。

毎週木曜の夜、専門家会議が終わってから、週末のイベントにやってきた200人のゲストをもてなす。木曜から始まる長めの週末に精力的にアクティビティを満喫した後、ゲストは日曜の夜に帰っていく。それから月曜の朝に会議が再び始まる。これが冬、春、夏と毎週のように繰り返された。

僕たちはどれだけ疲れていても、満面の笑顔でゲストを迎える。週末を割いてわざわざ来てくれたことに心から感謝する。

自分たちに必要なものは戻ってくると信じて、与えて、与えて、与えた。そしてついに報われるときが来た。予想もしない形で。

35

夢を売るには

パウダーマウンテンを買うために金を集めることは、僕たちにとってこれまでで最も複雑な課題だった。イベントのためのサミットのプレーブックをほぼ完ぺきに仕上げていても、このゲームには通用しなかった。ただし類似点が1つある。

サミットが立ち上がったばかりで、みんなが僕たちのことを誰とも知らない頃、僕たちの行いは必ずしも信用されていたわけではなかった。みんなを納得させて初期のアスペンやマイアミのイベントに参加してもらうには、多大な労力を要した。

でも、僕たちのことを信用していなくても、自分の**友人**のことは当然信用しているはずだ。1

人にイエスと言わせられたら、その友人たちもイエスと言う可能性は高い。本当に大事なのはイベントそのものではなく、一緒にイベントを経験する人たちなのだ。

同じロジックを山にも応用できるんじゃないかと考えた。一歩家から出たらいつでもスキーができ、この土地でとれた食材が味わえるというアピールポイントだけでは足りない。結局のところみんなが知りたいのは、隣人がどんな人なのかだ。

そこで僕たちは、パウダーマウンテンの住宅用地の売り込み方法を変えた。以前の僕たちは、イベントの参加者を募集する前にこう自問していた。

講演やパフォーマンスをしてくれる人で、こちらが呼べる最高の人は誰だろうか。

今はこう自問している。

隣人として最も魅力的な人は誰だろうか。僕たちが隣に住み、一緒にコーヒーを飲んだり、スキー後にお酒を飲んだりしたいと思う人って誰だろうか。

僕たちは一緒に時間を過ごしたいと思う起業家、ミュージシャン、アスリート、作家などクリエイティブな人たちのリストをブレインストーミングして作り、パウダーマウンテンに招き始めた。

リストの中の1人がリチャード・ブランソンだ。リチャードほど隣人になってくれたら楽しい人はいないだろう。

でも事はそう簡単じゃない。すでに何もかも所有している人にアタックしても、魅力的な契約をちらつかせるだけでは進まない。マイケル・ジョーダンに設立したばかりの靴会社のスニーカーを送ったり、ゴルフコミュニティの無料のタイムシェアをプレゼントしたりするようなものだ。彼が早速もらったスニーカーを履いたり、18ホールを回ったりしてくれるとは思えない。

リチャードにイエスと言ってもらうためには、何から何まで彼にぴったりの提案をしないといけない。彼がパウダーマウンテンを**気に入ってくれる**だけでなく、そこに家を買いたいと思い、僕たちのビジョンを信じ、支持者として名を連ねたいと思ってくれるようにしないといけない。

以上を念頭に置いてリチャードに説明すると、驚くほど反応がよかった。でもこの話はチームに持ち帰らないと、とリチャードは言った。しばらくして彼がスタッフにその話をすると、全員に反対された。

エリオットはリチャードのスタッフの1人から電話を受けた。

「あのう」と彼女はエリオットにこう言った。

「あなたたちのことは尊敬しているわ。でも私たちの仕事はリチャードを守ることなの。彼はすでに成功者で、私たちの仕事は彼のお金を**失わないように**すること。彼のブランドを**汚さない**ことなの」

言葉を選びながら彼女はこう付け加えた。

「あなたたちのしていることには共感するし、リチャードはあなたたちを見ていると同じ年の頃の自分を思い出すと言っていた」

エリオットは賞賛の言葉を真に受けた。〝やったぜ、俺は若きリチャード・ブランソンだって！〟と思った。〝俺はビジョンのある人間なんだ！〟

しかし、エリオットの夢見心地な気分は、彼女なりの解釈で厳しく打ち消された。

「そう、あなたを見ていると私たちもリチャードがあなたと同じ年だったときを思い出すわ。若くて世間知らずで」

リチャード側の返事はノーだった。

思い切った先行投資

僕たちがみんなに売り込もうとしていたのは、自分たちが思い描いている夢にすぎないことに気づいた。金を入れて契約を締結するまで、家の建築も始められなければ、道1本舗装できず、木1本すら植えられない。金を集めることができても、新しい家を設計して計画するのに1年かかり、建てるのにそれから1年半かかる。

家を建てるのは僕たちが不動産のすべての権利処理を済ませ、水利用権を確保し、区画の承認を受け、各住宅用地に電力と上下水道を整備してからの話だ。僕たちはホワイトボードに書いたコンセプトを延々と売り込んでいるのだ。

コミュニティのみんなを納得させて夢に参加してもらうことは一夜じゃできない。必要な資金援助が得られるのにどれくらいかかるだろうか。3カ月？　半年？　1年、それとも**2年**？　僕たちにはそこまでの時間はない。

僕たちは毎週末200人をパウダーマウンテンに招き続けた。それによってリズミカルな一連の流れが生まれた。山を訪れたゲストの誰もが、旧友に再会したり新たな友人と出会ったりする。そして遠く離れた街の自宅に戻って独自のイベントを開催し、対話やコラボを続ける。僕たちはイベントを無料にしたために大赤字を垂れ流していたけれど、コミュニティの結束はかつてないほど強くなっていった。

でも僕たちにはもっと何かが必要だった。10年後に僕らの街がどうなっているか、その片鱗を示して、ゲストに少しでもそれを**感じて**もらえるようにする必要があった。みんなに僕たちのビジョンをリアルタイムで体験してもらいながら、ゴールまで順調に進んでいてあとひと息だということを示さないといけない。それがどうにかできれば、みんな納得して投資してくれるはずだ。

そこで僕たちはマティアスの投資額のうち50万ドルを使って、レイクハウスの地下室を改装した。この家は僕たちの持ち物ではないけれど、パウダーマウンテンで体験できるようになることを再現するのに、この投資が絶対必要だと考えた。

マッサージルームと巨大な蒸し風呂部屋、そして階段を上った先に2つの湖を見渡せる浴槽を新たに設置してスパを作った。ヨガ、瞑想、お茶会用に、ビロードの枕を置き天井に布を垂らしてアシュラムを築いた。

4000平方フィート（約372平方メートル）分の空間を、床から天井までオーク材できた酒場に改装し、設備の整った家具と長い木製のカウンター、そしてライブパフォーマンス用に最新式の音響システムを備えたステージを用意した。

これらは僕たちのビジョンをお試し程度に具現化したものだが、週末に訪ねてくるゲストはそれに浸ることができる。僕たちの夢は現実になり始めていた。

勢いを見せることは強力なツールだ。そこから興奮が生まれ、信頼が増し、差し迫った感覚が徐々に伝わる。何かが築かれていくときのエネルギーを感じると、誰もがその一部になりたがるものだ。

初めは小さな一歩でもどんどん積み重なっていけば、コミュニティのみんなの目にも実際に着実に進歩していることが見て取れる。

そこで僕たちはコミュニティのみんなに、サミットで新たに採用した人、新たにコミュニティに参加した人、次のイベントなどについて、毎週のニュースレターや電話で知らせるようになった。

次回の週末の無料イベントに勧誘するとき、食事用のテーブルを新しくしたことや、新しい蒸し風呂部屋とアシュラムができたことを電話で宣伝した。そしてスイスのアルプスの4つの山岳の街を視察したときのことを話し、それをパウダーマウンテンにどう応用させるかを伝えた。

伝説の建築家トム・クンディヒが来て、未来のロッジをデザインしていることも話した。アメリカで最大手の土地計画会社の1つであるハート・ハワートンに所属する一流デザイナーが、「これまで手掛けてきた中でも特にエキサイティングなプロジェクトだ」と言っていたことも紹介した。

嬉しいメール

僕たちの戦略はうまく行き始めた。徐々に、創設会員プログラムを通じてパウダーマウンテンに投資してくれる人が増えていった。

金が入ってくるにつれ、僕たちは購入契約の最終締結日を延長させて、価格値下げの交渉を続けた。家を買う際に細かく精査するのと本質的には同じだけど、そのはるかに面倒なバージョンだと言っていい。

2つのトイレが壊れていて取り換える必要があり、下水も作り直す必要があります。購入価格から割引いてもらわないといけません。

家を買ったり売ったりしたことのある人は内覧と交渉の過程がこのように進むのだとわかっているだろうけど、この大きさの土地建物だと気が遠くなるほど複雑だ。

僕たちのストレスレベルはこれまでのイベントの10倍で、交渉中は7回も契約の締結を延長した。売り手は僕たちが金を用意できるように、契約締結まで当初半年としていた期間を延長してくれることに同意した。

でも延長するたびに、僕たちは契約を維持するために多額の現金を払わなければならない。契約満了日を過ぎそうになり、何もかも終わりだと完ぺきな敗北感を味わうこともあった。そんなとき、僕たちを信じてくれる新たな創設会員が奇跡的に現れ、首の皮一枚でつながった。

僕たちは前に進んでいたけれど、頭金を支払う金がそろっていないため、今回も締結日を延期させる必要があった。秋も深まり空気が乾燥してきて、木の葉はとっくに鮮やかな色を失い落ちかけていた。事態は季節同様に荒涼としていた。

するとある日、エリオットは事態を一変させるメールを受け取った。

「私たちは喜んでリチャード・ブランソンのプロジェクトへの投資を認めます」

ここ数カ月で僕たちが見せた勢いが、リチャードのチームにも魅力的に映ったようだ。

エリオットはデスクから飛び上がって、３人がサンドイッチを食べているキッチンに駆け付けた。

「みんな聞いてくれ。リチャードが参加してくれる！」

「どのリチャード？」とジェレミーが聞いた。

「リチャード・**ブランソン**だよ」

ブレットは興奮してサンドイッチをテーブルに落とし、チームのメンバーが何事かと部屋から出てきた。

「やったぜ、リチャード・ブランソンが参加してくれるんだ」とジェフが言って、安堵のため息を漏らした。

リチャードがコミュニティに参加してくれたことは世界中に伝わった。リチャード・ブランソンと彼のチームがプロジェクトに参加してくれたことで、ほかの人たちも創設会員への参加を検討してくれるかもしれない。

僕たちにとっての大勝利の瞬間だった。でもレースはまだ終わってなどいなかった。

36

あとひと押し

契約を結ぶためには最後にもうひと押しが必要だと思っていた。2012年が暮れていくとともに冬が近づき、雪が再び降ってくると、僕たちにアイディアが浮かんだ。

僕たちは契約の締結を何度も延長したけれど、所有者側はこちらと契約を結ぶことができるという確信を深めていった。僕たちは彼らに、「投資家になってくれそうな人たちに、もっと山を直《じか》に体験させてあげられたら、速やかに何もかもが解決していきます」と説明した。それを聞いて向こうは納得したようだ。その証拠に、僕たちがまだ契約書に捺印していないのに、スキーリゾートの管理キーを渡してくれたのだ。

おかげで訪ねてきた全員に、無料のリフトチケットやスノーモービルのプライベートツアーを含めた、至高のスキー体験を提供できる。

ジョン・レジェンドはその年の冬にパウダーマウンテンを訪ねてきて、感謝祭に家族とレイクハウスを借りて過ごした。グーグルの創業者の1人、セルゲイ・ブリンも週末に来てくれた。ユニセフを辞めてネスレの理事となったアン・ベネマンと、ほどなくしてiHeart（アイハート）メディアのCMO（最高マーケティング責任者）になる、元マイクロソフトのチーフ・クリエイティブ・オフィサー、ゲイル・トロバーマンは創設会員になってくれた。

そして『「週4時間」だけ働く。』を書いた旧友のティム・フェリスとトムス創業者のブレイク・マイコスキーも投資で応援してくれた。俳優のアシュトン・カッチャーはインスタグラムの創業者ケビン・シストロムやほかの大物創業者を田舎のスキー旅行に連れてきてくれた。冬が本格化するにつれ、プロジェクトの勢いは増していったと言ってもいいだろう。

すべてのピースが1つにまとまっていくみたいだった。10人を超える人たちから口頭で同意を取りつけた。でも、頭金を支払うためには少なくともあと1ダースの会員が必要だ。

マスコミにアプローチして全世界に僕たちの動向を伝え、ゴールラインまでラストスパートを見せるときが来た。

前のめりのプレスリリース

僕たちは有名企業がメディアに大きなニュースを伝えるやり方にならって、買収を発表する準備をした。広報発表することにしたのは、うわさが一人歩きしないようコントロールして不本意な情報漏れを防ぐためだ。一般的には、会社が「買収に関する最終的な合意」に達したというフレーズが用いられる。この種の法律用語は、新聞やビジネス系のニュースレターでお馴染みだろう。

僕たちのプレスリリースには、買収をする立場にあるほかの何千社が出すプレスリリースとの些細な違いが1つある。例えば、グーグルがハイテク企業を買収する最終的な合意に達したと発表すれば、そのスタートアップの経営権を取得するまで、残すところデューディリジェンスのみと誰もが察するところだ。ところが僕たちの場合、契約を締結するためにまだ多額の金を集めなければならない。

まだあと数百万ドル足りなかった。僕たちが**すでに販売した**住宅用地に投資してもらった金でさえ、まだ完全に手に入ったとは言えない状況だ。

マティアスのような一部の創業者は僕たちの銀行口座に直接振り込んでくれたものの、ほかの創業者は、払い戻し可能な25パーセントの頭金だけを法律事務所が管理する第三者預託口座に預けるという、石橋を叩いて渡るアプローチを採った。理論上は、僕たちはいずれ100パーセントを手にするのだけど、今のところ売却額の4分の1の頭金しか第三者預託口座にはない。

簡単に言えば、4000万ドル分の創設会員を集めることができても、口座で僕たちが使える額は1000万ドルだけだ。しかも、創設会員の気が変われば、僕たちの法律事務所にメール1通送るだけで即座に全額を取り戻すことができる。つまり数字は絶対的なものじゃないということだ。

このプロセスすべてを終わらせるためにも、広報発表が頼りだった。僕たちの見たところ、もう後戻りはできない。早まって発表を行ったのに契約が失敗に終わったことで恥をかくよりも、僕たちがすでに交わしていた約束を破ってコミュニティから信用を失う代償のほうが大きい。前に突き進むしか選択肢はない。

買収の話は『フォーブス』誌、スポーツ専門チャンネルのESPN、あらゆるスキー雑誌、その他30くらいのメディアで紹介された。僕たちはいきなり写真付きでとんでもない見出しを飾った。**「パウダーマウンテン買収で世界最年少のスキーリゾート所有者に」**

このニュースはたちまち広がり、僕たちのヒーローが次々に電話をくれた。

「君たちのこと？　本当に成功させたの？」

「おめでとう！　たいした偉業だ」

賞賛の言葉が次々に飛び込んできて、僕たちはますます居心地が悪くなった。金集めの追い込みをどうするかで頭がいっぱいで、実際は買収のゴールにまだ達していないことを隠してしまっていた。僕たちは連絡してくれたみんなにすぐさま電話して、「まだ契約は終わっていませんが、締結は間近です」と知らせた。

第三者預託口座にあと1000万ドル必要だ。これだけ関心が集まっているとはいえ、最終締結に至るまで、あともう1回だけ所有者側に契約の締結を先延ばししてもらう必要があるかもしれない。

メディアに発表したところで、投資家を確実に集めきれるわけではないのはわかっていた。最後にもう1つ大胆な取り組みが必要だ。サミットの存在を知らしめる何か。しばらく温めていたアイディアを実行に移すときが来た。スカイロッジだ。

スカイロッジに懸ける

何カ月も前から、スキー板の上に急遽こしらえた144平方フィート(約13平方メートル)の山小屋が、ゲストの注目の的になるのを僕たちは目の当たりにしてきた。日没にみんなで集まって、その日の出来事を語り合う山小屋だ。これと同じような発想で、ゲストが食事やスキー後の団らんでつながる広々としたロッジを作りたいと夢見てきて、その実現のときがやってきた。

僕たちがポートランドの先進的な建築家に連絡したところ、プレハブ建築を提案された。その発想はすばらしいものだ。彼の会社と一緒にロッジをデザインし、彼らが用地から離れたところで建造物を作り、それを大型のトレーラートラックで運んできて、36時間で組み立てる。彼らが言うには、このプレハブは新車を買うようなものだ。金を払って作ってもらい、カギをもらって、あとは自分のものとなる。

僕たちには、6000平方フィート（約557平方メートル）のモダンなユルト（移動式住居）を、時間をかけずに山頂に建てる自信があった。パウダーマウンテンの所有者たちのところに行ってこの計画を説明すると、彼らはロッジの建設に合意してくれたけれど、注意事項が1つ。パウダーマウンテン購入の契約を締結できなかった場合、彼らがロッジを引き取る。

まだ山を所有していないのにロッジを建てようというのだから、それは仕方がない。何百万ドルもの賭けだけど、この建物が自分たちのビジョンを現実に変える分岐点だと感じた。

僕たちはすぐさまデザインに取り掛かった。自分たちの開発地に新たなタイプの建築を作る。その名も「現代の遺産」。

スカイロッジは、バーンウッド（古板）のような過去から受け継いだ素材と現代の美学とを組み合わせ、古典的なユルトをイメージして現代によみがえらせる。床から天井まで360度が窓で覆われ、ぐるりと巡らせた座席があり、家を囲むテラスにはファイアピット（炉）と外付けのスキー用ロッカールームが付いている。いろいろ調べてみても、こうしたものはほかでは見たことがなく、でき上がりが待ち遠しかった。

デザインを迅速に進め、製作へと移った。数カ月かけてロッジの全体を太平洋岸北西部の倉庫の中で作り、運べるように解体し、セミトレーラーに積んでエデンまで少しずつゆっくり運搬する。月曜日の午後にトラックが入って来たとき、僕たちはわあーっと歓喜の声を上げた。金曜日までに建物全体を組み立てて、週末に来るゲストをこの新しい空間であっと言わせるんだ。

ところが、僕たちの熱意は混乱とともに醒めていった。まず、スカイロッジを設置するための土台を掘って、わずかな幅にコンクリートを流して足場を固める作業が必要なことがわかった。そして、トラックから荷物を下ろしてすべてを並べると、災害の被災地みたいな悲惨な光景が広がった。鏡、タイル、便器は搬送中に割れてしまっていた。2軒分のユルトは箱に入ったレゴブロックみたいにバラバラの状態で届いた。

まったくの混乱状態で、僕たちのチームが完全に組み立てるには1日半どころか1カ月かかった。いろいろ修正が必要で、コンクリートの土台作りに追加の費用がかかり、プロジェクト全体は当初の予算を200パーセントも超えてしまった。

それでも、完成したものは想像以上に美しくてインパクトがあった。

スカイロッジは9000フィート（約2743メートル）の高地、山全体が見渡せる最高の眺めの場所に建てられた。中に入って景色を見ると、世界の隅々を見渡しているみたいな気分だ。気分が高揚したまま、隣の山々からグレートソルト湖に目を移すと、まるで海のようだ。

ユルトには至るところに飾り立てたラグ、クッション、ふかふかの毛布が置かれ、その中心にはみんなが集まるオープンキッチンがある。ボーンブロス（骨のブイヨンスープ）、温かいスープ、ビーガン、グルテンフリーのお菓子。スナックバーは僕たちだけのシュガー・シャックみたいだけど、今回僕たちはもぐりではなく、堂々と入ることができる。

思わぬ落とし穴

契約締結の期限がどんどん迫ってくる中で、美しいスカイロッジの建設の遅れに焦りは募った。一方、メディア露出とスカイロッジのオープンによって勢いづいた僕たちなら、あと少しで契約締結の金が集められるという自信もあった。

4月15日、僕たちは期待を膨らませて所有者側に電話した。しかしながら、僕たちの8度目の契約締結の先延ばしの要請は、これまでの7回とは違っていた。

「おめでとう、マスコミで紹介されたじゃないか」と販売を取り仕切る人が言った。

「ただ残念なことがある」

彼が言うには、僕たちがパウダーマウンテンを買うと発表したとき、相当な注目を集めた。そのため、同じオファーがほかからも来ているそうだ。実際、同じオファーを出している人たちが、明日ヘリコプターのツアーを予定しているらしい。

「私たちはもう再度交渉するつもりはない。直近の合意の通り、君たちと4月24日午後5時を期限として契約するか、ほかのオファーを受けるかのいずれかだ」

僕たちは胃がねじれた。

〝今これを失うわけにはいかない。せっかくここまで来たんだ〟

しかも、投資してくれた支援者の1人がやっぱり手を引くと言ってきたのは泣きっ面に蜂だった。彼は法律事務所にメールして、住宅用地を買うために振り込んだ頭金200万ドルの返還を求めてきた。彼のスタッフたちに必死で電話しても、理由を教えてくれない。しばらくして、彼らは僕たちの電話に折り返しも寄こさなくなった。〝どうして〟と、僕たちは思った。その金が頼りだったのに。

でも大事な金を失ったことを嘆いている時間はない。この穴を埋めるための新たな展望を考えるのに集中しなきゃいけない。そして、この穴からどうやって抜け出せばいいかも。日ごとに穴は深くなっていく。

僕たち4人はスカイロッジに集まり、自分たちが建てたばかりの家を見回した。直ちに資金を調達しなければ、このすべてを今にも失ってしまう。

「向こうのハッタリだろ?」

「わからない。けど頼み込むしかないだろ」

所有者側は自分たちに有利な条件で交渉を進めている。これまでの交渉で、向こうが立場を最大限に利用するために、交渉の中断をちらつかせることにも慣れてきた。再び交渉すれば、最後にもう1回契約を先延ばしできると信じて、僕たちは床に就いた。

新たな希望を抱いて目を覚ました。僕たち4人はスカイロッジで朝食を食べながら8度目の延長について戦略を練り、自分たちにとって現実的で、向こうも承諾してくれそうな期限の日を考えた。

ひと休みしようと眼下の谷を見下ろすテラスに出ると、ヘリコプターの優雅な音が聞こえてきた。僕たちは言葉を失い外に立ち尽くし、スマートなヘリコプターが上空で旋回しながら近づいてくるのを見つめた。

「ヤバい」

「俺たちの山を取るつもりだ」

契約締結の先延ばしを申し込む時期は過ぎた。僕たちは契約を締結するか、それとも自分たちの家、そして信用までも永久に失うか2つに1つとなった。

37

変わらない日常

あのヘリコプターはたまたま飛行中だったのだろうか、それともクレジットカードでランチの領収書を切るみたいに、いとも簡単に4000万ドルの小切手を切れるような、土地開発会社の人たちが乗っていたのだろうか。

それは実際のところどっちでもいいことだ。もう時間がない。契約締結の期限に間に合わせないといけない。

正直なところ、契約締結の先延ばしができると思ってしまうと、僕たちもコミュニティも本腰を入れなくなってしまう。ところが、みんなに「4月24日が金を振り込む日で、これに間に合わなければパウダーマウンテンは買えません」と言うようになった途端、コミュニティは見違えるほど一枚岩になった。

僕たちはこれまで以上に覚悟を決めなければならなかった。融資を確保しきれない場合に備えて、外部の貸主に頼もうかと検討したこともあった。従来型のリゾートのデベロッパーと一緒に金を集める案もあったけれど、そうするとプロジェクトの半分を仕切られてしまう。

当然、デベロッパーの金は多額の見返りを求める投資家から得たものであり、そうなると僕たちは自由にその金を使うことができない。デベロッパーは、〝君たちに必要な4000万ドルを提供するが、見返りに1億ドル欲しい。つまり、多く稼げるように予定の3倍の数の家を建てて、リフトのチケットも倍額にさせてもらう〟ということになる。これではサミットのコミュニティもエデンの街の人たちも喜ばない。

僕たちは断固としてそういう金は受け取らなかった。僕たちにとって一番大事なことは、投資に対する利益ではなくコミュニティが得る利益だからだ。そしてコミュニティとは、家を買ってくれる少数の人たちのことではない。僕たちがやろうとしていることに心から身を投げ打ってくれる**全員**、そしてエデンの地元の人たちのことだ。そして起業家精神、コラボ、オープンマインドに価値を見出しながら、それに浸れる場所がないと感じている人全員だ。

たとえ幻想だとしても、僕たちは契約を締結できるものと心から信じていた。かといって、何もかもがうまく行くと感じてもいけない。そういうときは楽観的になって何も見えなくなっているにすぎない。楽観的になるだけでは2000万ドルは手に入らない。

死にもの狂いの7日間

これを成し遂げるために残された時間はあと7日。僕たちはレイクハウスの10フィート（約3メートル）四方の部屋にバリケードを建てた。

バリケードといっても別に戦っているわけじゃないから、そこを「ウォールーム（戦争の間）」ではなく「ピースルーム（平和の間）」と呼び、そこに結集しようと考えた。中央に木のテーブルを置き、進展を書き記すホワイトボードを3つの壁いっぱいに掲げた。入る人はほとんどおらず、うっかり入った人は24時間コールセンターだと見紛うだろう。

僕たちはメモ帳に名前を連ねた長いリストを目の前に用意した。態度を決めかねている投資家、週末をここで過ごして興味を示したゲスト、話の中で「山」、「スキー」、「家」とひと言漏らしただけの友人たち。僕たち4人は電話攻勢をかけて、電話の向こうの相手に対して今こそ参加のときですと懸命に説得した。

ボカラトンで40人の起業家を無理やりホワイトハウスに誘おうとしたときの感覚がよみがえる。少なくとも今の僕たちの勧誘はあのときよりもっと温和だし、あの頃みたいに2人で1台のベッドを共有するなんてこともないけれど。

この先は劇的な電話で数百万ドルの投資をスムーズに運ぶような、映画みたいな解決をするつもりはない。午後4時59分に2000万ドルの頭金をそろえるまで泥臭く行く。

というか、現実は大混乱だった。

みんなに電話して書類にサインを求めると、喜んでと答えてくれる。ただしこうだ。〝じゃあもういいかな。この後、家族と旅行に行くんだ〟

書類が約束通りに届いても、オフィスの誰かがこう言って息をのむ。〝ウソだろ。37ページに署名がないぞ!〟

緊急の案件であることがみんなに伝わっていない。〝君たちに必要なことは何でも手助けしたい〟と書かれたメールはこう続く。〝私を君たちの最大の支援者だと思っていただきたい。アシスタントにコピーを送ってくれ。来週ならいつでも検討できる〟

〝いやいや!〟と思わず突っ込みたくなる。〝今週必要なんです。そうしないとパウダーマウンテンは買えません!〟

5機のボーイング747を数分おきにたった1本の滑走路に着陸させようとしている航空管制官になった気分だ。〝権利証書、着陸。次! 郡との基本合意書、着陸。次! 目論見書、着陸。次!〟

そして終わった、何もかもが。最終的に達した額は2000万ドルではなかった。それどころか、1000万ドルしかなかったところから、7日足らずで**2000万ドル**を優に上回る額まで第三者預託口座にある金を増やすことができた。コミュニティの力と、みんなが僕たちに抱いてくれた信頼が証明された。

達成までとても慌ただしかったため、僕たちは砲弾ショックを受けたみたいにへたり込んでしまった。長い時間ランニングマシーンで走ってから降りたときのような感覚だ。体は止まったのに、前に走っている感覚が残っている。3000万ドルを確保したばかりで気分が高揚しながらも、まだ胸のつかえは取れない。なにせここに来るまでに、確実なことなんて何一つないことを学んでいる。署名がすべて契約書に記されるまでは、安閑とはしていられなかった。

2013年4月24日正午、エリオットはソルトレークシティーまで車を走らせ、僕たちの法律事務所のオフィスに向かい、グレッグと合流してこれまで見たこともないほど大きな会議室に入った。テーブルには両側それぞれに25人分のスペースがあるが、イスはない。イスの代わりに各座席のエリアを占めていたのは、厚さ数インチの書類の束だ。

この契約書すべてに署名すれば、僕たち4人はパウダーマウンテンの所有者となり、グレッグはパートナーになる。エリオットが僕たちを代表して署名を始め、指と指の間にマメを作りながら手を動かし続けた。たまに手を休めてマッサージしながら繰り返し起こるしびれをほぐし、すべての契約書が片付くまで書き続けた。

ゲームは進み続ける

書き終えた後グレッグは帰宅し、エリオットは車で3人が待つレイクハウスに帰った。それから妙なことが起きた。起きたというより、何も変わらないんだ。

これまでの数年間、勝利といえる結果を出すたびに、僕たちはどこかに繰り出して祝った。イベントが終わると空港に直行し、海外の日差したっぷりの場所に行って緊張をほぐすこともあった。

ところがこの晩は、いっさいそういうことをしなかった。とてつもなくすばらしい状況にいるというのはわかっていたけれど、パーティーさえ開かなかった。レイクハウスの4台のソファーに大の字に寝そべって天井を眺め、大きなことを成し遂げた喜びに浸った。疲れて声も出なかった。誰もしゃべらない時間がしばらく続いた後、僕たちは座り直し、顔を見合わせてほほ笑んだ。

今振り返っても、あれは決定的な瞬間だった。山を買うことは僕たち4人にとってイベントの開催とはまったく違うものだった。イベントでは開催に至るまでに苦境に立つことがあっても、めいっぱい努力して寝ずに作業すれば土壇場でやり遂げることができた。そして終わってしまえば、わずか数日前のドタバタはどうでもよくなった。

ところが今は何もかも終わったのに、僕たちは次に向けていろいろとアイディアを出し合っている。山に街を築くのはこれまでとまったく勝手が違う。ブザーが鳴ってあなたの勝ちですと宣言され、賞品を抱えて意気揚々と自宅に帰ることはない。ゲームは進み続ける。何かしらのゴールラインを切った気分ではあるものの、前に立ちはだかる困難に気を緩めてはいない。

僕たちが実際に何を成し遂げたかといったら、よくわからないままウォームアップしてゲームに加わり汗をかいただけだ。もちろん真剣かつ誠実に臨みはしたけれど。

僕たち4人は互いの顔を見合った。年を重ねてずいぶん賢くなり、行く手にどんな困難が待ち受けていても一緒に戦い抜くと決めている顔だ。

どんなビジネスでも行く手には途方もない試練が待っている。それは資金を集めることかもしれないし、大不況かもしれない。それでも持っているすべてを駆使して戦い、試練をくぐり抜けないといけない。その先にはより強くなった自分がいる。

ちまちました計画を立てたところで、障害がとてつもなく大きくなったときにどう対処するっていうんだ。ちまちましたものなんて、自分にとって所詮それだけの価値しかないのだから、ついおざなりにしてしまいがちだ。

一方で計画が大胆で突飛ででかくて、成功すれば家族の生活もコミュニティも、そして世界をも変えるほどのものだったら、自分が築いたもののすべてを守るために全身全霊で戦える。自分のためだけでなく、全世界のために。初めにも言ったように、世界はこういうでかい計画を求めているんだ。しかもこれまで以上に。

そして、困難と失敗と勝利のすべてをくぐり抜けてきた後だからこそ、僕たちは最も重要な教訓を学ぶことができた。それはまさにこの本のタイトルにふさわしいし、あなたもこの言葉を胸にでかい夢を追いかけてほしい。

最後にもう一度言おう。

〝MAKE NO SMALL PLANS（ちまちました計画なんていらない）〟

おわりに

起業家になると、会社を立ち上げようと決めたその日から金で苦労することになる。資金集めに駆り立てられ、投資家への責任を抱えて右往左往する。

自力で会社を立ち上げて失敗した場合、失望するのは自分だけだ。でも、いざ会社のために金を集めるとなると、夢を別の誰かに売り、**その誰かに自分**を信じてもらえるよう説得しないといけない。投資家を迎え入れる場合、彼らの金に対して責任を負い、失敗すれば自分が失望するだけでなく、自分を信じてくれた人たちを失望させることになる。

僕たちはユタ州パークシティでの最初のイベント開催以来、つねにサミットを自力で開いてきた。当初の費用はクレジットカードでまかない、スポンサーの資金を懸命に集めて、最終的にはチケット販売を中心にした収益モデルを確立することができた。

ところが、2011年にパウダーマウンテンに出会ったとき、僕たちは会社を設立して初めて外部の投資家に頼らざるを得なくなり、それから数年間はビジョンを同じくする人たちに夢を売り込む毎日だった。山頂にユートピアのような街を築き、そこでイベントをやったり、子どもたちを育てたりするというビジョン。最終的に40人の創設会員がパウダーマウンテンのビジョンを信じて、僕たちの夢に投資してくれた。だからその約束を何としても果たさないといけなかった。

僕たちは土台を固めて臨んだつもりでいた。パウダーマウンテンのことを教えてくれたビジネスパートナーに、資金面など僕たちが当時あまり詳しくなかったすべてのことを引き受けてもらった。一方の僕たちは、サミットのコミュニティの人たちや付き合いのある人たち、歓待専門のパートナーを集め、基本計画を立て、その土地柄に合わせて家を建てようと考えた。

ただ残念ながら、ビジョンを実現するための見通しはそれでも甘かった。この時点までに僕たちが得た知識や経験は、どれもこれも数日間のイベントに向かう短距離走で得られたものだったと思い知らされた。花火のような3日間、至るところがエネルギーと活気に満ちあふれ、参加者はアドベンチャーが盛りだくさんのイベントに夢中で盲点に気づく時間もなく、それはもてなす側の僕たちも同じだった。小さな失敗があっても学びの体験として心に留め、次は改善しようと誓えばそれで済んでいた。

でも、パウダーマウンテンについては「次」はなかった。チャンスは1回だとつねに意識していた。そしてこの1回のチャンスを生かせるかどうかは、会社を立ち上げた僕たち4人の仲間を越えて、ほかの人たちにもかかっていた。イベントのプロデュースを10年近く経験してきたとはいえ、高さ8000フィート（約2440メートル）の場所に街を丸ごと築くという計画の複雑さは、予想を超えていた。僕たちは、土地開発の手続きが困難で煩雑で時間がかかることに唖然とするばかりだった。

サミットを始めたときから、僕たちはとてつもなく大胆な目標をつねに設定していた。そして忍耐と創造力、いくらかの運のおかげで、毎回目標を達成してきた。でもいくらこれまでの実績があっても、パウダーマウンテンの開発はほかとは比べ物にならないくらい慢心を思い知らされる経験だった。

パウダーマウンテンを開発しているときは、まるで何年もかけて山に向かって大きな岩を押し上げているかのようだった。道中、立ち止まってしばらくのんびりしたいと思うことが何度もあった。でもこの気持ちは抑えるしかない。少しでも休もうものなら、岩は山をどんどん転がり落ちて重さを増し、仕事を再開するたびに押し上げるのが難しくなっていく。どうせあの世に行けば休みはたっぷりとれるのだから、進んでいくしかない。大事なのは、困難や挫折にぶつかっても前に進み続けることだ。

一方で、パウダーマウンテンに関して直面した困難は、僕たちにとって最大の教師ともなってくれた。僕たちは困難を通じて、コミュニケーションの機会を増やす方法や、もっと成長する方法を学んだ。起業家として成長し、コミュニケーション能力を上げ、よりよい仲間になるすべを教わった。

昔の人の言葉にもある。「挑戦をやめたときこそが失敗するときだ」と。

この人生は映画になるか

サミットの初めの頃、居心地のいいぬるま湯の状況から抜け出すために、僕たちはこう鼓舞し合った。

「スリルがなくちゃ映画にならないぞ」

互いにプレッシャーをかけ、あえて居心地の悪い領域に入って、そこからより大きく飛び出すためのやり方だった。映画監督が僕たちの人生の今この瞬間を映画化するのを想像してこう自問する。〝この場面は面白いだろうか。観客を引き込むようなハラハラドキドキがあるだろうか。まさかカットされないだろうか〟

こうしたイメージトレーニングは楽しくて効果的だった。もっと多くのチャンスをつかんでやろう、ビジネスでできることの範囲を広げてやろうと頑張る刺激になった。

こうしたイメージトレーニングが駆け出しの頃のエネルギーとなり、僕たち4人は成長した。そして会社も拡大していくうちに、ハイリスク、ハイリターンの行動に負けず劣らず、日々の単調な業務が会社の成功にとって重要であることに気づくのだった。映画の完成版には登場しないだけのことだ。

会社の立ち上げ期を題材とした映画を見るとそれがわかる。映画では一般に初期の激動期に焦点が当てられるが、もっぱらこうした題材が選ばれるのには十分な理由がある。ビジネスにおいて初めの頃の破天荒な行動は、ストーリーとしては最高に面白いからだ。

ところが、会社の成熟と大きな成長が訪れるのはもっぱらその後だ。会社が規模を拡大し成長していくのは、日常的に行う会議での決定に負うところが大きい。重要なのだけど、端から見ている人には退屈でしかないだろう。

映画の『ソーシャル・ネットワーク』において、フェイスブックが誕生した最初の数年がストーリーの中心になっているのはそのためだ。『ファウンダー　ハンバーガー帝国のヒミツ』も同じで、草創期にマクドナルドを乗っ取って拡大させようとしたレイ・クロックの狡猾さがテーマになっている。

僕たちの物語もそれと何ら変わりはない。何年もの間、僕たちは絶えず人生というカジノのテーブルの真ん中に持ち金を全部どんと出して、何度も何度も自分たちを信じて、どんなリスクにもひるまなかった。でも成長するにつれ、ペースを落とし、筋を通しつつ着実に進めないといけない時期が来た。僕たちは時間とエネルギーをもっと戦略的に使い、前に進む道を示しながら同時にリスクを小さくする必要があった。

サミットのこの時期は映画としてはあまり見せ場がないものの、イベントは大きく改善され、パウダーマウンテンは少しずつ変わっていった。学んだ教訓を生かし、専門家を頼り、自分たちの欠点を認め、軌道修正し、新たな方向に照準を定める時期だった。

僕たちは、ビジネスが進化するにつれて状況も変化することを学んだ。これまで実績を上げてきた人たちをもっと素直な心で信頼するようになった。導いていってくれるリーダーたちから学び、一緒に仕事がしたいと考えた。そのいずれも、僕たちの会社が目的を見出す力になり、毎日のように奮起させてくれるような経営者たちだ。

有能な仲間がいれば、ビジネスはより円滑で効率的に進められる。時にプレッシャーを取り除いてもくれる。とはいえ、衝突が減るほど、映画監督にとっては映画化したいという意欲が失われていくというわけだ。

ということで、パウダーマウンテンに道路を切り開いていく作業について、その重要性は見過ごせないし高度に専門的な作業であるものの、この本では章を設けなかった。その作業過程には何百万ドルも費用がかかるし、正確な作業を要するために大きな緊張感を伴う。たとえば、崖の端に道路を敷設する作業はやり直しがきかない。

こうした作業過程の詳細に興味がある人も多少はいるかもしれないけれど、大半の人は道路を敷設する作業の細かいことにはこだわらず、できた道路に車を走らせるほうを好むだろう。

僕たちは今

僕たちは今30代で、電車から身を乗り出すこともないし、24時間寝食をともにして同じ空気を吸うこともない。ジェフとエリオットは、２０１６年にパウダーマウンテンで1カ月違いで結婚し、ジェレミーも同じ頃に将来の伴侶と出会った。３人ともサミットのコミュニティを通じてかけがえのないパートナーに巡り合った。

ジェフとエリオットは2人とも結婚して2年足らずで父親になり、睡眠負債を解消しつつあったところに、育児で再び眠れない夜が始まった。ブレットはほかの3人以上にエデンに深く根を下ろし、家を買って両親を4軒先の家に招き入れ、これまでよりもさらに充実した時間を過ごしている。

僕たちはパウダーマウンテンに古き良き風情を残し、小さな街としての魅力を保つというビジョンを守り続けた。山間に住む近隣の人たちの多くはそれに気づいて、僕たちのビジョンに賛同してくれるようになった。僕たちが毎週行う「ピザとビール」の夕食会に来て、みんながそう口にしてくれる。30マイル（約48キロメートル）も続くマウンテンバイクの公道を建設したことに感謝の連絡をくれたりもした。

近隣の人たちは、これまで以上にスキーが快適にできるようになったことにも気づいてくれた。1つには、僕たちがシーズンチケット（定期入場券）の数を絞り、毎日販売するリフトのチケットの数にも上限を設けたからだ。その甲斐もあり、人でごった返すこともないし、駐車場の問題もなく、誰でも待たずにリフトに乗れる。しかも、僕たちのスタッフのおかげで、このスキーリゾートの収益は右肩上がりだ。

ただし、パウダーマウンテンの開発は望んでいたペースでは進まなかった。盛りだくさんの約束をしてしまったこと、ほかの人がした約束を無邪気に信用しすぎてしまったことはこの場で認めたい。開発のペースには残念な点もあったけれど、言葉にしたことはそのうち何もかも実現できるものと僕たちは信じている。

大学を出てすぐの僕たちにとって、仕事を探すサイトと言えばリンクトインだった。そして今、僕たちはリンクトインを創設したリード・ホフマンをサミットに招いてもてなしている。

ニカラグアに初めて行ったときには、エックハルト・トールの本を穴が開くほど読んでいた。それが今や、ロサンゼルスの中心街のイベントで彼をステージに招いている。

また、サミットで培ったつながりを通じて、僕たちは早くからウーバーに投資していた。今、ウーバーの新しいCEOは僕たちのイベントでインタビューを受けている。

かつては、テキーラの空き瓶の箱をいくつもマイアミのサウス・ビーチのホテルの部屋に積んだまま、右往左往していた。それが今は、プログラムを整えて、ワインの空き瓶をリサイクルしてグラスに変えたり、前回のイベントで使った箱や廃棄品を次回のイベントの空間作りに使ったりしている。

初めの頃には多くの参加者から、どうして女性があまりいないのか尋ねられた。今は参加者と社員の半数以上が女性だ。

今考えても驚くのがミニ・セントラル・パークだ。ロサンゼルスの中心街で開催するイベントのため、3000平方フィート（約279平方メートル）の駐車場に、社員が36時間かけてニューヨークのセントラルパークを再現したものだ。イベントでは毎日1万2000食が出されるなど、世界のどんなフードフェスティバルにも負けない規模となり、一方で家を持たない人たちに5万食を提供した。

僕たちは、サミットのイベントのチケットを買ったことがない人たちの生活にまで影響を及ぼすほど進化した。

まず助成金プログラムを立ち上げた。若い起業家に助成金を出して、別の起業家や投資家と組んでもらい、さまざまな領域に変化をもたらし、世界で起きている問題を改善してもらおうとしている。また、刑事司法政策研究所の発足もお手伝いした。これは受刑者がひどい扱いを受けていないかチェックしたり、サミットの参加者に刑務所まで足を運んで受刑者と面会してもらったり、講演会を開催したり、刑務所改革の方針を形にしたりする組織だ。

無数の試練や困難を乗り越えた末に、僕たちは2020年の初めには満足いく地点に到達した。会社を創設してから毎年行ってきた中でも最も完成されたイベントを開催し、最高の収益を上げたおかげで、これまで以上の寄付が集まる基盤を築いて、サミットを飛躍的にスケールさせる画期的な事業計画を作った。

『フォーブス』誌はかつてサミットを「次世代のダボス会議」と称した。こうした最大の賛辞には慎重だった僕たちも、その名にふさわしくなってきたと考えるようになった。

その矢先のことだ。突然、僕たちを含め世界全体が、天地がひっくり返るような事態に陥った。パンデミックが襲い、僕たちは振り出しに戻って会社の存亡をかけて戦うことになった。

でも僕たちはそう簡単にあきらめたりはしない。商用ジェット機のチャーターから大統領や世界レベルのリーダーと交流したことまで、苦労しながら成し遂げてきた偉業のすべてを振り返りながら、初心を取り戻した。再びスタートアップの頃に戻った気分だ。

しかも今回は糧となる10年以上の経験と、頼れる多くのメンターがいる。僕たちは意気揚々と、ブレインストーミングに取り組み解決策を練る。どんな問題が生じようと、僕たちはアイディアによって乗り越えることができる、そう確信しながら。

謝辞

僕たちはまずサミットのコミュニティのすべての人に心から感謝を申し上げたい。サポートを通じて、みなさんは僕たちに夢を追い求める機会を与えてくれた。みなさんのしてくれたことにいくら感謝してもしきれない。僕たちもまた、いつでもみなさんのお役に立ちたいと思っていることを忘れないでいてほしい。

サミットの組織に関わってくれた社員、コラボしてくれた人たち、仲間たち全員に感謝したい。この本では特定のメンバーとその尽力に絞って描いているためすべての人は紹介しきれなかったが、サミットのビジョン実現のために人生を捧げてくれた、過去から現在に至るメンバーの重要性がかすむことはない。あなたたちから受けた恩義は一生忘れない。

この本の制作に手を貸してくれた人たちにもお礼が言いたい。才能豊かなすばらしい人たちと仕事ができてとても感謝している。

カル・ファスマンは超人的な努力で僕たちの話を文章の形に落とし込んでくれた。ライアン・

ホリデイは懸命な努力で僕たちの物語の多くを具体的な教訓に変え、それを現実に当てはめてくれた。すばらしい編集者のジョージア・フランシス・キングとケヴィン・マクドネル、サラ・パンザーにも感謝申し上げたい。アレックス・バナヤンはこの本の構想を形あるものへと導いてくれた。エージェントのバード・リーヴェルも。ロジャー・ショールは僕たちに賭けてくれた。マット・インマンは全行程を通じて貴重なフィードバックとガイダンスをくれた。

特に感謝したいのはレイ・ダリオだ。彼は僕たちに本の執筆を打診してくれた。その際、僕たちは信念を持って行動し、その信念に価値があると話してくれた。

時間をかけてじっくり僕たちの原稿を読んで、価値あるフィードバックをくれたみなさんにも感謝したい。あなたたちのおかげでこの本は僕たちの予想を大きく上回るできとなった。

サミットのパウダーマウンテンのチームにも。チームのみんなは僕たちと一緒に、文字通り山を動かしてくれた。その実行力と、購入から近隣エリアの整備に至るまで協力してくれた膨大な作業はほかと比べようがなく、実現にこぎつけたのはあなたたちに負うところが大きい。

ラングリー・マクニールとジェス・バーン・ストラムベリンは、旅の途中でいろいろと助けてくれた。

パウダーマウンテンの旅に加わり、近所に住む関係になったり仲間として参加してくれたりしたすばらしい家族にも感謝の念は絶えない。特に創設会員の人たちが僕たちと一緒に思い切った賭けに出てくれたおかげで、パウダーマウンテンを買うことができた。そして何年にもわたって理事会や自治会で力を尽くしてくれた近隣のみなさん。あなたたちがいなかったら、プロジェクトは実現しなかった。いくら感謝してもしきれない。

サミット・インパクト・ファウンデーション、サミット・フェローシップ、サミット・インスティチュートの創設パートナーにも深く感謝する。僕たちがサミットのプラットフォームを懸命に活用して、できうる限りの善意を世界にもたらすことができたのは、あなたたちの財政的、精神的、知的支援があったおかげだ。

サミット・インパクト・ファウンデーション理事会の以下のメンバーにも感謝したい。ヘザー・ハートネット、ジェシカ・ジャクリー、クリスティーナ・サス、ハンク・ウィリス・トーマス、エレン・グスタフソン、グレッグ・ホフマン、クリスティーナ・ファルコン、アーラン・ハミルトン。サミット・ジャントーの投資家と理事会のメンバー並びにサミット・シリーズ・ライフタイムのメンバーにも感謝したい。あなたたちの助けが何より必要なときに同じ目線に立って、サミットのプラットフォームを支える以上のことをしてくれた。あなたたちがいなかったら、僕たちはここにいない。

僕たちは家族や友人に恵まれ、成功の大部分は彼らのおかげだ。そしてこの本の終わりに際し、本来なら倍のスペースを取ってたくさんの親友、メンター、コラボしてくれた人たち、支援者のみなさんに感謝の気持ちを伝えたいところだが、ここで言わずともご本人がいちばんよく承知してくれているだろう。みなさんのおかげで僕たちはここまで来ることができた。それは決して忘れない。本当にありがとう。

エリオット・ビズノーから個人的に感謝の言葉

祖母のフローレンス、両親のマークとマーゴット、弟のオースティン、妻のニコール。そしてヴェサ・ポンカ、マーティン・ブラックマン、ジャード・スナイダーは長年にわたって僕を信じてくれた。そして息子のルミ、君がパパの物語を読んで楽しんでくれたらと思う。

ジェフ・ローゼンタールから個人的に感謝の言葉

妻のジュリア、我が子のリヴァーとシエナ、両親のジムとリサ、姉妹のナンシー・ピンクとグレース・サン・スーシーに感謝したい。

ブレット・リーヴから個人的に感謝の言葉

両親のマイケルとベッツィー、兄弟のエリックと姉妹のブルック・ベイカー、途中でいろいろと助けてくれたジェイ・ベイトラーとマーク・アンスタインにも感謝したい。

ジェレミー・シュワルツから個人的に感謝の言葉

妻のアビー、両親のジョエルとケイシー、兄弟のケヴィン、姉妹のジェイミーは長年にわたって僕を愛し支え導いてくれた。今の僕があるのはあなたたちのおかげだ。

本書刊行に寄せて

エリオット、ジェフ、ブレット、ジェレミーの４人からサミットを手伝ってほしいと頼まれたときのこと。もちろん、そうなったら直ちにCEOかつ仲間として参加することになる。私はまず、これまでの10年間で４人が大事にしてきたミッションは何だったのかを聞いてみた。

長いことサミット・コミュニティの一員で、複数の会社の創業者、クリエーター、アーティストを兼ねていた私は、イベントで感じられるサミットの仲間意識とコミュニティの連帯感にずっと価値を感じていた。それでもその奥で彼らが何を目指しているのか、私にははっきりと見えてこなかったのだ。

「MAKE NO SMALL PLANS（ちまちました計画なんていらない）ということだよ」と４人は答えた。

「でも**どうして?**」と聞き返した私は、まだ創業して13年のスタートアップ企業にデザイン思考を重ねようとした。

「人生は貴重だから、意味のあることに捧げないとね」というのが４人の答えだ。思えば、それはサミット・コミュニティのメンバー全員の共通した思いでもある。何かを創造してつながることによって、自分自身も学び、これからの世代にも影響を与えたいという飽くなき欲求。サミットにはそうした欲求を持つ人たちが集まっている。

働くときは懸命に働いて、遊ぶときは思いきり遊ぶ。私たちはこの世を去った後も、さざ波が広がるように魂は生き続けると信じ、損得抜きで同じような仲間を探し求めている。懸命に働き、思いやりがあって、大きなアイディアを考え出し、これを形にする人たちだ。

この本は大胆なビジョンと信念を抱く４人の物語だ。信念を持って突き進んでいくうちに、その信念はさらに進化を遂げる。今なおそうであり、数十年後もその過程は変わらないだろう。絶えず進化する起業家の人生とはそういうものだ。

この本の中でエリオット、ジェフ、ブレット、ジェレミーは冒険を繰り広げ、失敗し、情熱と目的を見出していく。現在に至るまで傷つき恥をかきながら、成功と失敗を繰り返し、その中で人生の教訓を見出していく。サミットのここまでの物語には「作り手の精神」も込められていて、ビジネスという媒体を通じて創造力が形を成していくさまが描かれている。私もまたこの媒体の恩恵を受けている一人だ。

あなたをこの冒険にお誘いしたい。何より見てほしいのは、この物語の奥にある人間臭さだ。なりふり構わぬ勇気、飛躍するためのバネとなる信頼、それぞれの局面で回避したリスクの話など、読んで大いに刺激を受けてもらえたらと思う。
そしてページをめくるうちに、みなさんにもアイディアが湧いてくることだろう。何かを生み出す旅のきっかけを自分の中に見出してほしい。胸躍る地点にたどり着いて流れに身を任せ、いろんな人たち、いろんな場所、目の前の予期せぬことに自分自身を委ねてほしい。エリオット、ジェフ、ブレット、ジェレミーのように、あなたにも世界にインパクトを与える新たなものを生み出す力がある。そんなあなたを『MAKE NO SMALL PLANS』の世界にご招待したい……そして人生を精一杯生きていただきたい！

——ジョディ・レヴィ、サミットのグローバル・ディレクター兼CEO

2021年春

サミット関連年表

西暦	月	イベント・出来事	サミットの拠点
2008年	4月	エリオットがファーストクラスで起業家20人をユタ州パークシティのスキー旅行に招待	
	11月	メキシコのプラヤ・デル・カルメンのホテルで起業家60人のイベントを開催	ワシントンDCから、ブレットの祖母が所有するフロリダ州ボカラトンのマンションに移転
2009年	3月	ワシントンDCで40人の起業家と政府をつなぐホワイトハウスのイベントを支援	
	4月	コロラド州アスペンのセントレジス・ホテルでイベントを開催	ニューヨークの小さなアパートに移転
	7月	ニューヨークでクリントン元大統領と起業家80人のイベントを開催 ロサンゼルスからサンディエゴまでの女性参加者20人の鉄道車両でのイベントを開催	ニカラグアのサン・ファン・デル・スルに移転
	11月	マイアミのサウス・ビーチのリッツ・カールトン・ホテルで参加者250人のイベントを開催	

2010年	5月	ワシントンＤＣのＪＷマリオット・ホテルで参加者７００人以上のＤＣ10を開催	オランダ・アムステルダムに宿泊設備付きのボートを借りる マイアミのスター・アイランドの邸宅で社員18人で暮らし始める
2011年	4月	マイアミから出航するクルーズ船を貸し切りにし、参加者１４００人を集めたサミット・アット・シーを開催	ロサンゼルス近郊のマリブの一軒家に移転
2012年	1月	カリフォルニア州スコーバレーで参加者８００人規模のベースキャンプを開催 60人の支援者をユタ州エデンのパウダーマウンテンに招待する（後に毎週末２００人を山に招く） パウダーマウンテン買収に関するプレスリリースを実施	
2013年	4月	パウダーマウンテンの買収を完了	

著者・訳者紹介

[著者]

エリオット・ビズノー (Elliott Bisnow)　**ブレット・リーヴ** (Brett Leve)
ジェフ・ローゼンタール (Jeff Rosenthal)　**ジェレミー・シュワルツ** (Jeremy Schwartz)

サミットの創業者。サミットは、世界的なイベント会社であるサミット・シリーズをはじめとする会社の総称である。サミット・シリーズは世界中の起業家を集めたコミュニティが夢中になれるイベントと体験の提供で知られる。4人はアメリカ最大のスキーリゾート、パウダーマウンテンの共同所有者であり、サミット・アクション・ファンドというサミットの消費者向けITベンチャーファンドを共同経営しながら、コンサベーション・インターナショナル、ビヨンド・コンフリクト、カウンシル・オン・フォーリン・リレーションズ、アンチ・レーシディヴィズム・コーリション、ドローンダウン・ファンドにも積極的に関わっている。創業者である4人はいずれも講演会に引く手あまたで、『ニューヨーク・タイムズ』『ウォール・ストリート・ジャーナル』『エコノミスト』『ブルームバーグ・ビジネスウィーク』『タイム』『ファスト・カンパニー』で取り上げられている。

[訳者]

大田黒 奉之(おおたぐろ ともゆき)

京都大学法学部卒業。洋楽好きが高じ、主にミュージシャンの伝記の翻訳を手掛けるようになる。主な訳書に『SHOE DOG(シュードッグ)』『The Third Door(サードドア)』『創造思考』(以上、東洋経済新報社)、『ロック・コネクション』『ジョージ・ハリスン コンプリート・ワークス』『デヴィッド・ボウイ コンプリート・ワークス』『ザ・クラッシュ コンプリート・ワークス』『イーグルス コンプリート・ワークス』(以上、ティー・オーエンタテインメント)、『ミック・ジャガーの成功哲学』(スペースシャワーネットワーク)、『わが人生。名優マイケル・ケインによる最上の人生指南書』(集英社)等。

MAKE NO SMALL PLANS（メイク ノー スモール プランズ）
人生を変える新しいチャンスの見つけ方

2023年9月12日発行

著　者——エリオット・ビズノー／ブレット・リーヴ／ジェフ・ローゼンタール／
ジェレミー・シュワルツ
訳　者——大田黒奉之
発行者——田北浩章
発行所——東洋経済新報社
〒103-8345　東京都中央区日本橋本石町1-2-1
電話＝東洋経済コールセンター　03(6386)1040
https://toyokeizai.net/

カバーデザイン………橋爪朋世
ＤＴＰ………………アイランドコレクション
プロモーション担当……笠間勝久／中田さち衣
印　刷………………図書印刷
編集担当……………長谷川愛
Printed in Japan　　ISBN 978-4-492-04740-8